LES YEUX, LE NEZ ET LES TETONS

OUVRAGES CURIEUX, GALANTS ET BADINS

Composez pour le divertissement d'une

DAME DE QUALITÉ

Beaux yeux pour qui je meurs, de vos divins apas,
Si je parle un peu trop, ne me punissez pas.

LES YEUX,

OUVRAGE CURIEUX
ET
GALANT,

Composé pour le divertissement
d'une certaine

DAME DE QUALITÉ,

Par *J. P. N. du C. dit V.*

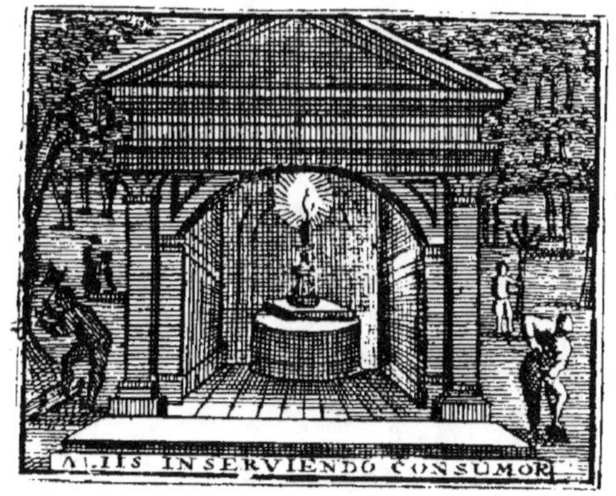

A AMSTERDAM,
Chez JEAN PAULI
M. DCC. XXXV.

A TOUTES

LES

BELLES DAMES

&

DEMOISELLES.

JE n'ai des yeux que pour vous & je n'aurois pû avec juſtice dédier qu'à vous mon Traité des Yeux. Je me promets de cette complaiſance qui eſt ſi inſeparablement attachée à vôtre ſexe, que vous le regarderez avec des yeux favorables, & que vous voudrez bien m'accorder la grace de me permettre que je me diſe publiquement.

MESDAMES & MESDEMOISELLES,

Vôtre très-humble & très-obeïſſant Serviteur,

J. P. N. du C. dit V.

SONET-

SONETTO

IN LODE DELL' AUTORE.

V.. Ape igegnofa il dolce accogli
  Dei fior di Pindo, e tutto indi rivolto
  Soavemente le ritorni al volto
Di Beltà che defcrivi ornando i fogli.

Ogni Enigma d'Amor faggio difciogli
  Quando in due lumi un Paradifo accolto
Ne moftri; e'l tuo cantar ftupido afcolto.
In cui tutte le grazie in un raccogli.

Per lodar due pupille il ciel ti feo
  Ed Apollo ti diè rime fonore
Per goder d'alta imprefa alto trofeo.

Stelle d'un volto, e fiaccole d'amore
  Due begli occhi dipingi; e nuovo Orfeo
Mentre canti degli occhi incanti il core.

C. A N O M E.

TABLE des CHAPITRES

LES

LES
YEUX.

CHAPITRE I.

Des Yeux en général.

JE me souviens, Madame, de nôtre derniére conversation spirituelle. Vos raisonnemens sur le livre qui a pour tître *la Langue* me plûrent infiniment & vous chapitrâtes l'Auteur d'assez bonne grace sur son air de Caton; Mais l'ordre que vous me donnâtes, à l'occasion de ce Traité, d'en composer un dans vôtre goût qui eût pour titre *les Yeux*, est un ordre qui me fait trembler. S'il y avoit moyen de reculer & de me dispenser de

A

vous

vous obeïr, moi qui ne l'ai jamais fait , je
crois que je le ferois.　Je fais jufqu'où va
vôtre délicateffe & je connois mon foible.
Il faut avoir une foûmiffion ausfi entiére que
celle que j'ai à vos volontez , pour paffer fur
ces deux importantes confiderations.　Cependant voila qui eft fait , mon parti eft
pris.　Duffe-je être hué, fiflé, berné, &
tout ce qu'il vous plaira, je vous vais fa-
goter un Livre intitulé *les Yeux* , il ne
tient qu'à vous de m'en faire faire encore
deux , dont l'un ait pour tître le *Nez*, &
l'autre *les Oreilles*.

Un Auteur à fracas , Madame, qui feroit
confit dans la Science , trouveroit d'abord
moyen de débuter par un pompeux étalage de fa doctrine.　Il vous ouvriroit tous
les miftéres dont l'œil eft compofé: Il vous
expliqueroit ce que c'eft que la tunique
cornée & la tunique uvée: Il vous feroit paffer anatomiquement en revûë l'humeur aqueufe , la criftaline & la vitrée.
Les ligamens ciliaires & les fix mufcles ne
feroient pas oubliez ; les vertus de la retine
& de la prunelle feroient examinées à merveilles.　Enfin , il ne manqueroit pas de
vous prouver demonftrativement qu'Ariftote a eu une opinion erronée au fujet de
la vifion , & donneroit gain de caufe à
Defcartes.

Je ne faurois ni ne voudrois, Madame,
vous faire valoir mon érudition en me jettant dans ce labirinthe.　Peut-être même
qu'après en être forti à mon honneur vous

me

me fauriez mauvais gré de favoir fi bien parler anatomie.

. Il n'eft pas befoin d'entrer dans un détail fi précis de la ftructure des yeux pour en concevoir une haute idée : un regard fuffit pour nous faire avouër que la nature ne pouvoit rien produire de plus achevé. Si l'homme eft le microcofme, l'œil eft affûrément l'homme en petit.

Les yeux fuppléent à tous les autres fens, mais tous les autres enfemble ne fauroient fuppléer au défaut de celui-là : non feulement ils voient, mais ils écoutent, ils parlent, ils demandent, ils répondent, ils menacent ; ils étonnent , ils adouciffent, ils careffent, ils apportent, ils raifonnent ; en un mot, ils entrent dans toutes les actions de l'ame. *

- Tous les autres fens font terreftres ; l'attoûchement a la qualité de la terre, l'odorat celle du feu, le goût celle de l'eau, l'ouïe celle de l'air ; il n'y a que l'œil qui reffemble aux Aftres, & qui ait quelque chofe de divin. Les Stoïciens font même allez jufqu'à en faire une Divinité ; Galien appelloit les yeux les membres divins de l'homme, & les Romains juroient fouvent par eux.

. Il ne faut donc pas s'étonner qu'ils aient été placez fi haut. Ils meritoient fans doute par leur nobleffe d'être dans le voifinage

* Gracian dans fon Criticon.

ge du cerveau, qui eſt particuliérement le
ſiége de l'ame.

Outre cela la Nature qui cherit ſouverainement ces deux chefs d'œuvres, les a logez profondement entre des os, les a revêtus de cils & de ſourcils, & défendus d'une
double paupiére comme de deux boulevards,
pour les conſerver prétieuſement. Elle a
fait qu'on peut tourner la tête à droit &
à gauche; ce n'eſt qu'en faveur des yeux,
ce n'eſt qu'afin qu'ils aient plus de commodité de jetter leurs regards decà & delà.
Leur rondeur eſt une marque évidente de
leur perfection.

Les Poëtes & les Philoſophes les ont appellez aſſez heureuſement des Aſtres, des
Soleils, les fenêtres & le miroir de l'ame.

Gracian parlant des yeux dit agréablement: ce ſont les portes fidelles par où
entre la verité, & la nature y a travaillé
avec tant de circonſpection, que pour ne
les point ſéparer, elle ne s'eſt pas contentée de les mettre l'un auprès de l'autre,
elle a voulu les unir, de ſorte qu'elle ne
permet pas, que l'un puiſſe voir ſans l'autre; afin qu'ils ſoient tous deux de veritables témoins d'une même choſe.

Le Chevalier Marien allegue une plaiſante raiſon pour prouver que ſa Maitreſſe
devoit avoir deux yeux. La trouvez vous
à yôtre gré?

Mi-

Miro i voftr' occhi belli
Donna e rimiro le leggiadre mamme,
Quefte di latte e quelli
Fabricati di fiamme.
Dico poi fofpirando in doppia arfura,
Non douea por Natura
Per rifchiarar da fi fereni poli
Duo Mondi di beltà men di duo foli.

Je pourrois, Madame, vous alleguer mille endroits d'une infinité de bons Auteurs, qui prouvent l'excellence & la néceffité de la vuë. Malgré cela, il s'eft trouvé des Sçavants qui ont foûtenu que c'étoit le moindre de tous les fens, & celui dont on fe pafferoit le plus aifement. Pour le démontrer, ils difent que la Nature ne donne la vuë à quelques animaux qu'après un certain tems, & qu'il y en a même qui en font entiérement privez, par exemple la taupe.

Ils ont loüé Homére de s'être crevé les yeux : ils ont ofé avancer que fermant par là deux portes aux vices, il en ouvrit un million à la vertu.

L'Abbé Tallemant femble favorifer ce fentiment, quand il dit :

Ce n'eft point par les yeux que l'efprit vient à bout
   De bien connoître la nature,
Argus avec cent yeux ne connut point Mercure.
   Homére fans yeux voyoit tout.

N'eft-

N'eſt-il pas vrai , Madame , que ces Meſſieurs ont plus d'eſprit que de raiſon? Si la taupe n'a point des yeux , le Createur ne l'a pas jugée digne de lui en donner , & Homére pour un Poëte auſſi Philoſophe qu'on le fait, avoit les yeux un peu trop friands.   Il étoit à coup ſûr du calibre de Tartuffe qui dit à Dorine :

- - - Couvrez ce ſein que je ne ſaurois voir ,
Par de pareils objets les ames ſont bleſſées ,
Et cela fait venir de coupables penſées.

Dorine lui répond très-pertinement.

Vous êtes donc bien tendre à la tentation ,
Et la chair ſur vos ſens fait grande impreſſion :
Certes , je ne ſai pas quelle chaleur vous monte :
Mais à convoiter , moi , je ne ſuis pas ſi promte
Et je vous verrois nud du haut juſques en bas
Que toute vôtre peau ne me tenteroit pas.

Pas un ſens ne nous fournit des plaiſirs plus ſolides que la vûë. Je me ſouviens d'avoir lû qu'un pauvre très-ſenſé , qui étoit devenu aveugle , diſoit en mendiant , fai- tes la charité à un homme qui a perdu les joïes de ce monde? J'avouë qu'une Princeſſe entendit autre choſe par ces joïes perduës ; Mais c'eſt ſa faute , & une perſonne auſſi ſpirituelle que vous , n'auroit eu garde de s'y méprendre.

Sans les yeux le monde n'eſt qu'un ſonge continuel & ennuïeux. La vie d'un aveugle n'eſt qu'une ombre de la vie, & un aveugle eſt un mort qui a ſa ſepulture parmi les vivants; & je crois que Zaleuque, ce ſage Legiſlateur qui avoit ordonné qu'on crevât les deux yeux aux Adultéres, n'auroit ſçû trouver un ſupplice plus rude pour punir l'énormité de ce crime.

J'avouë qu'il eſt arrivé à une Belle qui n'a pas moins d'eſprit que de charmes, de préferer les avantages & les plaiſirs de l'ouïe à ceux de la vuë; mais, Madame, ſi elle a raiſon en bien des choſes qu'elle ſoûtient, elle ne l'a pas aſſûrément en celle-ci.

> On demandoit quel eſt le plus fâcheux
> De ne plus voir ou de ne plus entendre
> Et s'il falloit choiſir entre les deux;
> Lequel des deux aimeriez-vous mieux prendre?
> N'entendre plus, dit chacun d'une voix:
> La jeune Iris fit ſeule un autre choix;
> Et j'en connois la raiſon à merveilles:
> Le bruit que fait ſon merite en tous lieux
> Avec plaiſir chatouille ſes oreilles,
> Et rien encor n'a ſçu plaire à ſes yeux.

Après tous les avantages que la vuë a ſur les autres ſens, je ne m'étonne point qu'ils en ſoient jaloux. Un Amant fut une fois obligé de faire raiſon à la bouche qui ſe plaignoit de ce que les yeux étoient trop heureux.

 Ma-

Ma bouche tous les jours reprochoit à mes yeux,
  Le doux plaisir de voir Silvie,
  Et sechoit de rage & d'envie,
De ne partager pas un bien si précieux.
  Mais pour appaiser leur querelle,
Malgré tous les efforts qu'opposa sa vertu,
  Je viens de baiser cette Belle
  A present bouche que veux-tu?

Il faut, Madame, vous dire ici quelque chose de la Fortune & de l'Amour. Ces deux Divinitez ne paroissent aveugles qu'à nôtre aveuglement.

Un Poëte * du siécle d'Auguste disoit que la Fortune en mettant Livie sur le Trône des Cesars, faisoit voir qu'elle n'étoit pas une Déesse aveugle & qu'elle avoit de bons yeux. ,, Comme on a toû-,, jours ouï dire que la Fortune est aveu-,, gle, on est surpris de ce qu'elle a des ,, yeux pour connoître & pour distinguer le ,, merite d'une Princesse accomplie.

L'agréable Mr. le Païs est du même senti-ment. Durant ma jeunesse, dit-il, j'ai fait comme les autres; j'ai cherché la fortu-ne avec un esprit inquiet; j'ai examiné les lieux par-où elle passoit le plus souvent, & j'ai tâché de me trouver sur son passage. Allant au devant d'elle, j'ai cru, que com-me elle est aveugle, elle me pousseroit mê-me sans y prendre garde: mais je m'ima-gine

* Ovide.

gine qu'elle a eu des yeux pour moi, puis qu'elle a fçu fi bien éviter toutes mes approches.

L'Amour n'eft pas aveugle non plus, puis qu'on a appellé les yeux les guides de l'Amour. Le bandeau qu'on lui donne, qu'on le regarde de près, c'eft un diademe & non pas un bandeau. S'il le fait un peu tomber fur fes yeux, c'eft pour montrer que Venus veut qu'on cele fes larcins & que la difcretion eft la meilleure qualité d'un Amant.

Cupidon eft le plus clairvoïant de tous les Dieux.

Ces Anciens qui fans yeux nous l'ont reprefenté
Poffedoient moins que lui l'ufage de la vuë:
   N'eft-ce pas l'avoir bien aiguë,
Que de courre la bague à minuit fans clarté?

Pardonnez moi, Madame, ce petit trait badin. Je le favois par cœur & je l'ai lâché, fans y penfer, pour me dédommager de ce que l'éloge des yeux m'a tenu l'efprit un peu trop tendu.

CHAPITRE II.

De quelle couleur doivent être les yeux pour être beaux.

LEs fentimens font extrémement partagez au fujet de la couleur des yeux. J'ai connu des connoiffeurs qui fe font hautement déclarez pour les noirs. Pour autorifer leur goût, ils m'ont allegué, que les Peintres, peignent l'Amour avec deux grands yeux noirs, vifs & bien fendus; que les miroirs d'acier furpaffent tous les autres, qui doivent être obfcurcis en y appliquant du plomb; & enfin, que les diamants, qui jettent les plus noirs raïons, font eftimez les meilleurs. Ces Meffieurs font à peu près de l'avis du Chevalier de Meré. Dans une Lettre qu'il écrit à Madame de Lesdiguiere, il lui dit : Ces habiles Grecs qui jugeoient bien de tout, ont fait les Graces brunes, parce que c'eft la couleur la moins éclatante, & qui reffemble le plus à la nuit; nous en fommes d'accord avec eux, & de vrai.

Les Carites font brunettes,
Et bruns Venus a les yeux.

Ma-

Mademoiſelle Henriette Silvie de Moliere, qui étoit quaſi une beauté achevée, puis qu'elle le dit elle-même ; avoit les yeux noirs. Voici ſon portrait de ſa façon : Je ſuis grande & de bonne mine ; j'ai les yeux noirs & brillants, bien ouverts, bien coupez & qui marquent aſſez d'eſprit. Ma bouche eſt grande quand je ris, fort petite quand je ne ris point ; mais par malheur pour elle, je ris toûjours. J'ai les dents belles, le nez bien fait, la Gorge comme le teint, c'eſt-à-dire admirable.

Je ne vous retracerois pas d'autres attraits que ceux de ſes yeux, ſi je ne ſavois que vous faites un cas extraordinaire de cette Heroïne.

Un Amant qui ne couche en joüe que des yeux noirs , a compoſé ces vers ſur ceux de ſa Maitreſſe.

La Nature a donné des yeux noirs à Philis ,

 Elle en devoit être pourvuë ,

Pour ſervir de contraſte à ſon beau teint de lis ,

 Et pour que leur éclat ne nous gatât la vuë.

Les yeux bleus, dit un bel Eſprit, brillent de nuit, les noirs brillent de jour , ſur cela il ajoûte pour flatter les noirs, deux Soleils valent mieux que toutes les étoiles.

Les yeux bleus ont eu auſſi leurs partiſans, & ils meritent d'en avoir. La Dées-
ſe-

se Minerve a été admirée pour ses beaux gros yeux bleus, & la Mere des Amours étant née de la mer, les avoit apparemment de même couleur.

Un Amant qui en est enchanté a dit.

L'un est pour les yeux noirs , & l'autre pour les
        bleux :
Je suis pour les derniers & j'adore Clorine ;
Cette jeune Beauté les a couleur des cieux,
Et cela fait bien voir leur céleste origine.

Pour moi, Madame, je trouve assez à mon gré de grands yeux bleus vifs & à fleur de tête ; mais quand ils sont petits & d'un bleu éteint, point de nouvelle.

Cependant je ne décide point sur la préference des deux couleurs dont je viens de parler. Si j'avois la temerité de le faire, peut-être me dementirois je un jour. Je ne suis pas plus habile que ce grand connoisseur qui a senti son cœur si partagé entre deux Belles, l'une aux yeux noirs, l'autre aux yeux bleus , qu'il a fait cet air sur l'agreable embarras où il se trouvoit.

A l'ombre de ces verds bôcages

J'ai trouvé deux rares Beautez ,

L'Amour a formé leurs visages

Sur celui des Divinitez.

Mais

Maïs à qui rendrai-je les armes?
Amour, détermine mes vœux;
Elles brillent de tant de charmes
Que je les aime toutes deux.

L'une est une blonde mourante
Qui me ravit par sa douceur;
Et l'autre une brune picquante
Dont les traits me percent le cœur.
A laquelle rendre les armes?
Amour, détermine mes vœux,
Elles brillent de tant de charmes
Que je les aime toutes deux.

Incertain sur la préférence
Je ne puis fixer mes desirs.
Je sens bien que mon cœur s'offense
Du partage de mes soupirs.
Mais la blonde comme la brune
M'enchaine par de si doux nœuds,
Qu'il faudroit pour n'en aimer qu'une
N'en avoir vû qu'une des deux.

Mon cœur est toûjours la victime
De leurs merites differens;
Je me fais à moi même un crime
Du double hommage que je rends.
Ainsi par une loi cruelle,
Je suis à la fois dans mes feux,
Perfide, volage, infidelle,
Constant, sincére & malheureux.

Si j'exprime à l'une ma flamme
J'éprouve à l'inftant malgré moi,
Que l'autre en courroux dans mon ame
M'accufe de mauvaife foi.
Charmante brune aimable blonde,
Brune aux yeux noirs, blonde aux yeux bleux,
En ma place perfonne au monde
Ne pourroit choifir de vous deux.

Mais je vous avertis, Madame, que les yeux noirs & les bleux font cruels & inhumains, fi on s'en doit rapporter à Licidas & à l'Aminte du Guarini. Voici ce que le premier dit fur les yeux de fa Philis qui étoient noirs.

Philis a les yeux noirs, doux, brillants pleins de
        flamme,
Des yeux qui d'un regard portent le feu dans l'ame
Et qui femblent toûjours de l'efpoir d'être aimé
Flatter l'ambition d'un cœur bien enflammé
Qui voudra toutefois fe fie à leurs careffes;
Ils favent mal tenir leurs flâteufes promeffes;
Ces beaux yeux pleins de feu font de grands im-
        pofteurs,
Et tout autre que moi les a trouvé flateurs.

Un Auteur Efpagnol dit qu'ils portent continuellement le deuil des hommes qu'ils font mourir tous les jours.

Voi-

Voici le sentiment d'Aminte sur les yeux
de sa Climene qui les avoit bleus.

Climene a les yeux bleux ; & languir sans se
          plaindre ,
Se plaire dans un feu que rien ne peut éteindre ,
Aimer sans esperance , & s'estimer heureux ,
C'est ce que fait un cœur qui soûpire pour eux.
Tout ce qu'en leurs regards ces beaux yeux savent
          dire ,
C'est que la mort est belle en suivant leur empire.
Ils promettent la mort à leurs adorateurs ;
Et personne jamais ne les trouva flateurs.

Les yeux gris ont eu aussi des Panegiristes ; en voici un qui parle.

Les yeux noirs sont puissants, qui pourroit s'en
          defendre ?
Ils sont vifs , ils sont faits pour donner de l'a-
          mour ;
Les bleux sont languissans, ils sont faits pour en
          prendre :
Et les bleux & les noirs me charment tour à tour.

Les vôtres ont ensemble & du vif & du tendre ;
Leur douceur me ravit , quand je vous fais la
          cour.
Par leur vivacité vous pouvez tout pretendre
Sur un cœur où l'Amour a choisi son séjour.

Sont-

Sont-ils bleux, font-ils noirs ces yeux fi pleins
       de charmes,
Qui flattent les defirs, qui font rendre les armes
Ils font des deux couleurs un parfait coloris. ?

     Voulez-vous des yeux noirs ? quel partage eft
       le vôtre !
En voulez-vous de bleux ? vous avez l'un & l'autre:
Vous voïez tout cela, Cloris, dans vos yeux gris.

Mr. le Païs fuivant le penchant de fon inconftance naturelle, aimoit dans les yeux tantôt une couleur, tantôt une autre, tantôt de langueur tantôt de la vivacité. Il en fait un aveu naïf dans ces vers:

Quelquefois, belle Iris, en des yeux languiffans
Je trouve des attraits auffi doux que puiffans ;
Quelquefois des yeux vifs font fentir à mon ame
De leurs charmes vainqueurs la puiffance & la flâme
Quelquefois un œil bleu, quelquefois un œil noir,
Un œil gris quelquefois me tient fous fon pouvoir.

Quoique le brillant de vos yeux, Madame, m'ait empêché de remarquer pofitivement de quelle couleur ils font ; j'en ai affez vû pour être perfuadé qu'ils font les plus charmans du monde. Ils ont, à ce que je puis deviner, quelque rapport avec ceux de l'Auteur, dont je viens de parler, & ils ne font

Ni bleux, ni noirs, ni verds, ni gris;
Mais, pour dire ce qui m'en semble,
L'on y voit un beau coloris
De toutes ces couleurs ensemble.

Peut-être que ceux de Madame la Duchesse de Mazarin leur sont encore plus ressemblants: ce sont des originaux.

Un Auteur poli, après avoir dit d'elle, que c'est une de ces beautés Romaines, qui ne ressemblent point à des poupées, comme la plupart des nôtres de France, & dans qui la Nature toute pure triomphe avec majesté de tout l'artifice des Coquettes; il ajoûte: la couleur de ses yeux n'a point de nom. Ce n'est ni bleu, ni gris, ni tout-à-fait noir, mais un mêlange de tous les trois, qui n'a que ce que chacun a de plus beau, la douceur des bleux, la gaieté des gris & sur tout le feu des noirs. Mais ce qu'ils ont de plus merveilleux, c'est qu'il n'y en a point au monde de si doux & de si enjouez pour l'ordinaire, enfin de si propres à donner de l'amour, & il n'y en a point de si sérieux, de si sévéres, ni de si sensez, quand elle est dans quelque application d'esprit. Ils sont si vifs & siriants que quand elle s'attache à regarder quelqu'un fixement, ce qui ne lui arrive guére, on croit en être éclairé jusqu'au fond de l'ame & on desespere de pouvoir lui rien cacher. Ils sont grands, bien fendus & à fleur de tête; pleins de feu &

B

d'esd'efprit. Mais avec toutes ces beautez, ils n'ont rien de languiffant ni de paffionné, comme fi elle étoit née pour être aimée & non pas pour aimer.

Vous n'avez pas non plus, Madame, les yeux fort tournez à la friandife, leurs charmes fautent aux yeux, mais ils ne difent que trop, que vôtre cœur, n'eft pas pour mes beaux yeux. Permettez moi de vous faire ce reproche en paffant; du caractére dont je vous connois, vous feriez capable de defefperer l'Amour même, comme fit cette Dame à qui le Marin adreffe ce Madrigal.

Volò ne tuoi begli occhi
Ignudo, Donna, per fcaldarfi & Amore.
Ma la luce e l'ardore
Le vifta gli acciecò, gli arfe le penne.
Per albergarfi fen venne
Dentro il gelido core,
Ma nel fuo gelo algente
Spenfe la face ardente :
Onde fuggì, gridando, ou'haurò loco,
Se coftei tutta è ghiaccio e tutta è foco?

C H A-

CHAPITRE III.

Les Yeux qui rient & qui pleurent.

LE Ris & les larmes étant contraires, doivent avoir un même sujet, je veux dire les yeux, & un même principe qui est la tendresse du cœur. Si les Poëtes ont logé le Ris & les Graces dans les deux fossettes des jouës qui se forment par le Ris, cela ne tire à aucune conséquence : leur stile est d'ordinaire impropre & figuré, & ils ne l'ont fait, que parce qu'elles sont les deux plus beaux appanages du Ris.

Le Ris naît de la joie & les larmes sont des effets de la douleur; la joie est la santé de l'ame, & le Ris est une marque de cette santé; les larmes sont, pour ainsi dire, le sang de l'ame, parce qu'elles coulent des blessures de l'ame, comme le sang coule de celles du corps.

Delà vient, que le Ris communique le plaisir, & que les pleurs causent la tristesse; & ces deux instruments de la société sont desparoles ingenieuses, qui expriment les sentimens de cœur plus clairement & avec plus de force que celles qui sont animées de la voix.

La faculté de rire & de pleurer n'est pas

B 2

moins

moins essentielle & particuliére à l'homme
que celle de raisonner. La Nature lui a
fait les yeux élevez & elle les a placez
de front afin qu'on les pût voir parfaitement d'une même vûë & qu'ils pûssent
commodément donner des marques des
passions dont ils sont agitez. Les Bêtes
n'ont ni l'avantage d'avoir la tête en haut,
ni celui de pleurer ou de rire. La Nature a simplement choisi en elles les parties
les plus exposées, comme la queuë & les
oreilles, pour y mettre les marques des
passions, qu'elle veut faire connoître.

Mr. le Païs s'excuse avec autant de raison que d'esprit de s'être mocqué de deux
pedants en leur presence, quand il dit là-
dessus à une Dame qui avoit été têmoin de
ses railleries : Après avoir vû rire Senè-
que d'un Prince, de l'importance de l'Empereur Claude, vous me pardonnerez sans
doute d'avoir un peu ri des deux personnes
les plus ridicules du monde. Et d'ailleurs
le risible étant presque aussi naturel à l'homme que le raisonnable, au défaut de l'un
ne peut on se servir de l'autre ? Puis qu'au
sentiment de vos Docteurs, je ne savois
pas raisonner, & que consequemment j'é-
tois une bête, du moins falloit-il leur faire
voir que je savois fort bien rire & leur prouver par là mon humanité.

Il y a des yeux qui pleurent de si bonne
grace, qu'on devient amoureux de leurs
larmes. Celles des Dames sur tout, renferment de grands mistéres. Un Poëte de
vieil-

vieille date apostrophe joliment celles de
la Maitresse. Prenez garde au moins, Madame, que ces diminutifs qui ne font pas
tout à-fait à la mode ne vous faffent rire
où l'Auteur a parlé bien férieufement & du
fond du cœur.

Mais, dites moi, larmelettes
Larmelettes tendrelettes,
Larmelettes qui coulez
Et gentiment emperlez
De vos ondes criftalines
Les belles jouës rofines
De Catin mon cher fouci,
Comment pouvez vous ainfi
Larmelettes tendrelettes
Tendrelettes larmelettes
Naître de ces deux beaux yeux
Pleins de flammes & de feux?
Yeux qui de tous côtez dardent
Tant de feux volants qui m'ardent?
Mais, ô moi, mal avifé
Suis-je pas bien abufé,
Ces petites goutelettes
Que j'appelle larmelettes
Ce ne font pas goutes d'eau
Qui mouillent ainfi ta peau,
Ce font larmes enflammées
Ce font flammes allumées
Qui de leurs brafiers ardents

Me confument au dedans:
Déja de cette rofée
Dans ma poitrine embrafée,
Mon pauvre cœur enflammé
Eft à demi confumé.
Quelle eft donc nôtre efpérance
Puifque la flamme a puiffance
D'un naturel tout nouveau,
D'engendrer en nous de l'eau,
Que l'eau contre fa nature
Donne aux flammes nourriture.

Vous Madame, qui êtes la plus belle & la plus grande rieufe du monde, & qui favez, ou qui devez favoir que je vous aime à l'adoration, pourquoi me demandez vous, lequel je trouve le plus raifonnable de pleurer ou de rire? Cela ne m'empêchera pas, je vous affûre, de vous dire ma penfée là-deffus en qualité d'Amant & de Philofophe: J'avouë qu'autrefois j'aimois fort à rire & que je me mocquois affez plaifamment de ceux qui croioient qu'il y eût quelque chofe de divin dans la mélancolie, mais j'en fuis revenu & vos rigueurs m'ont defacoûtumé du Ris & de l'enjoüment. Je ne fonge plus qu'à faire des Elegies depuis que je fuis un Amant amoureux & maltraité, & la Philofophie férieufe s'eft fi fort emparée de mon efprit, que je ne faurois plus pardonner le Ris qu'à vous, encore ne vous le pardonnerois-je

pas

pas fi vous n'aviez l'heureux talent de vous rendre aimable jufque dans vos défauts.

Je prens donc le parti des larmes contre le Ris, & je vous dis en Philofophe, mais en Philofophe au fuperlatif, que je ne permets à perfonne de rire finon de foi même.

Le Ris ne fe fait point fans furprife, ni la furprife fans ignorance, ainfi il femble que c'eft une foibleffe que de rire. Les fages rient bien moins que les autres, parce qu'il y a peu de chofes qui leur foient nouvelles & qu'ils ne font point malicieux.

Le Ris n'eft que l'effet d'un amour propre injufte. L'homme en riant, prétend à la fupériorité, il tâche de témoigner qu'il eft exempt des defauts qu'il remarque dans les autres, & il veut faire connoître par fon étonnement leurs imperfections.

Les fuites des pleurs ne font jamais fi funeftes que celles du Ris. Il n'y a que les Enfans qu'on puniffe pour pleurer, & le Ris a caufé du mal à plus de la moitié du monde.

Enfin, quel fujet avons nous de rire? Il ne faut point rire des fots ni de leurs fottifes, il faut les honorer d'un parfait mépris: Il ne faut point rire des crimes, il faut les detefter; ni des malheurs ou des foibleffes, parce qu'il faut les plaindre; ni des défauts du corps dont ceux qui les ont ne fe peuvent défaire; ni de la vieilleffe, puifque c'eft un mal inévitable quand

on

on ne meurt pas jeune ; ni des Etrangers comme Etrangers puisque, par exemple, l'Ambaſſadeur de Perſe ne peut non plus s'empêcher d'être Perſan, que le Comte de Croiſſi d'être Franʒois.

Vous voyez, Madame, que je ne ſuis pas pour les rieurs & apparemment que les rieurs ne ſeront pas de mon côté.

On dit que Promethée emploïa les larmes pour paîtrîr le corps de l'homme, & cela nous apprend, ſur tout à nous autres pauvres Amants, que les douleurs font une partie de nôtre eſſence.

Mon Dieu, Madame, que je ſentis mon cœur pour vous, en ſortant de vous dire adieu, quand vous partites pour N. & que mes yeux firent bien leur devoir !

Je verſai tant de pleurs qu'un marbre en fût cavé,
Que ſur un diamant mon mal j'euſſe engravé.

Voici ce que je diſois en moi-même.

Languir pour vos beaux yeux ſans en voir la clarté,
Souffrir comme un damné ſans oſer vous le dire
 Philis, c'eſt un double martire,
 Et mal ſur mal n'eſt pas ſanté.

Les Paſſions douces tendres comme l'a-
mour & la pitié excitent les larmes & elles ſe ſont trouvées dans les grands hommes. Si Hercule, Ajax & Achille n'ont
point pleuré, c'eſt un defaut de leur temperament atrabilaire. Rien ne me déplaît
tant que leurs cœurs inſenſibles, que ces
rochers ſecs & arides, où il n'y avoit aucune ſource de larmes. Uliſſe y a été extrémement tendre ; combien de pleurs n'a-t-
il pas répanduës pour ſa chere Penelope &
pour ſon aimable Telemaque ! Après avoir
lû Virgile, comme vous avez fait vous ne
ſauriez douter, Madame, qu'Enée n'ait été
un Heros très pleureux. Je n'allegue point
d'autres exemples pour éviter la prolixité.

La Poëſie m'a rendu amoureux des larmes, auſſi-bien que la Philoſophie & l'a-
mour, en ce que les Poëtes les appellent ſi
agréablement des perles : leur rondeur &
l'origine qu'elles tirent de l'amertume, leur
font meriter ce beau nom

Ne ſeriez-vous pas curieuſe, Madame,
de cette ſorte de marchandiſe ? Ne vous
ſentez-vous point déja le cœur tendre &
diſpoſé à en produire ? Je vous aſſûre d'a-
vance que les perles de vôtre façon ſeront
les plus précieuſes & les plus recherchées.
Cà mettez vous donc ſur le ton pleureux,
faites un peu le Jeremie. Si le déſir des
pierreries ne vous tente point, jettez les
yeux ſur tant d'Amants à qui vous donnez
la mort. Plaignez-les, je vous en conju-

B 5

re,

re, pleurez-les, quand on devroit se passer
pour quelque tems de ce rire charmant,
qui pour parler à la Rabutine, va reveil-
ler sa tendresse jusqu'au fond du cœur.

Non, non; il n'y a pas moyen de vous
ébranler. Interêt, Philosophie, Poësie,
pitié, tout cela ne fait que blanchir.

Le tendre en vous, Iris, ne trouve point de place.
Je vois toûjours ces yeux si propres à charmer
Demeurer constamment deux fontaines de glace
Dont la source secrette est un cœur de rocher.

Vous n'avez jamais versé de larmes, si-
non une fois à force de rire, pour m'avoir
vû pleurer à cause de vos rigueurs. Si le
Guarini eût été en ma place, il eût fait ce
Madrigal sur cette cruelle avanture.

Rideva (ahi crudo effetto)
La mia fera bellissima, perch'io
Lagrimando sfogava il dolor mio,
Quando per mia vendetta
Da l'una e l'altra sua ridente stella
Cadde una lagrimetta,
Che cristallo parea d'alba novella.
O dispietato core,
Dissi alor che non senti il fier dolore,
Che può malgrado tuo, nel suo bel viso,
Far lo schermo pietà, lagrime il viso.

CHA

CHAPITRE IV.

Du langage des yeux.

UN homme a dans les yeux quelque chofe qui previent les gens en fa faveur ou à fon defavantage. Monfieur de Buffi dans fes portraits qu'il a toûjours faits fi reffemblants, les a ordinairement commencez par les yeux : fon premier trait de plume forme déja l'ébauche de toute la perfonne.

On connoît à point nommé, par le moyen des yeux, de quel temperament eft un homme ; le bilieux les a perçants & affûrez, le fanguin les a gais & riants, le mélancolique les a confus & ternis. Toutes les paffions fe lifent dans les yeux. La colere les rend rouges & étincellants, le plaifir les fait petiller, le defir les avance en dehors ; leurs regards font des regards preffants. Les Latins leur donnent heureufement dans cette rencontre les épithetes *d'inftantes, procaces, devorantes*. La trifteffe abbat les yeux, la crainte les rend inquiets & égarez, le refpect les abbaiffe, le dépit les allume. Les yeux de l'Amour font ceux que les Latins appellent *pætos* & qu'ils ont donnez à Venus. Ils font riants

&

& font fortir leurs regards comme à la de-
robée. La prunelle qui fe tourne doucement vers l'objet aimé, marque la langueur
amoureufe que l'ame reffent: le Ris faifant
ferrer les mufcles des paupiéres, les yeux
fe ferment à demi, comme fi l'ame vouloit retenir l'image, qu'ils viennent de recevoir & la confiderer plus attentivement;
Elle les fermeroit tout-à-fait, s'il ne s'en
prefentoit à tout moment une nouvelle
qu'elle ne veut pas perdre & qui l'oblige à
partager ainfi fes foins , comme elle fait
fouvent dans la peur & dans la colére, où
il femble, qu'elle veut en même tems voir
& ne voir pas le mal qu'elle fait ou qu'elle
dédaigne. Si je me mets à philofopher,
vous n'en ferez pas quitte à bon marché.
Je poufferai vôtre patience à bout & j'é-
puiferai la mienne avant que j'aie fait en-
fanter aux yeux toutes les paffions dont le
nombre eft prefque infini. Brifons là-deffus, auffi-bien traiterois-je mal une matiére auffi épineufe & auffi favante que celle-
là. Il me fuffit pour mon fujet, de vous dire que les yeux font les interprètes de nos
penfées & de nos volontez & qu'on les
peut appeller à jufte titre les Herauts de
l'Amour.

Si l'on s'en doit tenir au jugement d'un
Poëte très-délicat , la bonne ou mauvaife
deftinée d'un Amant fe lit dans les yeux de
fa maitreffe.

L'A-

L'Amant de tout ce qu'il doit faire,
S'il veut apprendre à bien juger,
Qu'il confulte les yeux qui fûrent l'engager;
 C'eft dans les yeux de la Bergére
 Qu'on connoît l'heure du Berger:
C'eft là qu'on peut favoir quand il faut qu'on
  profite
 Des bons mouvemens qu'elle aura,
L'heure en chiffres d'amour en fes yeux eft écrite;
 Et qui faura lire, lira.

Je permets & je confeille aux Amants qui ont leurs interêts à cœur, d'étudier les yeux de leurs maitreffes ; mais je le défends aux hommes d'un âge à fe fervir de deux paires de yeux : Ils ne doivent plus fonger ni à amours ni à amourettes, & je fai bon gré à Mr. de Brebeuf d'avoir relancé de la maniére que vous allez voir, un Vieillard plus que fexagenaire fur ce qu'il s'amufoit à parler des yeux à une jeune perfonne au travers de fes lunettes.

Tu te plains juftement des froideurs d'Ifabelle,
Son mépris eft fans doute auffi dur que nouveau
 Et puis que tu la trouves belle
 Elle devroit te trouver beau.

Lors que de ſes beautez perfaites
  Admirant les divins appas
Tu lui parles des yeux au travers des lunettes ;
Certes les ſiens ont tort de ne t'entendre pas.

  Mais il faut te prendre un peu mieux
A vaincre, s'il ſe peut, ſes rigueurs nompareilles.
Et ſi tu ne veux pas la prendre par les yeux,
  Prens-la du moins par les oreilles.

  Parle douceur, parle Phébus,
  Soûpire, proteſte, babille ;
Si l'on ne t'entend pas, rengaine tes rebus,
Et comme un limaçon rentre dans ta coquille.

Auſſi bien pour trancher les termes complaiſans
Je ne te vois plus guére en l'âge des fleurettes ;
Et c'eſt pour un bijou de quinze ou de ſeize ans,
Un triſte ameublement qu'un galant à lunettes.

Puis, lors que de l'hymen en ton âge on s'accoſte,
  C'eſt contrédire aux loix du ſort ;
  Et ce n'eſt que prendre la poſte
  Pour aller plus vîte à la mort.

Vous vous êtes ſouvent mocquée de moi, ſur ce que j'ai voulu affeĉter un langage aux yeux ; Je ne m'en étonne pas, Madame ; l'indifférence & la froideur avec laquelle vous regardez les Amants, qui ſoûpirent pour vous, font que vous ignorez en=

encore ce que c'eſt que jouër de la prunelle & faire les yeux doux. Je ne ſuis pas le ſeul de ce ſentiment: Il m'eſt aiſé .de vous convaincre par témoins, non ſeulement que les yeux parlent , mais que les piez & les mains ont auſſi leur langage. Vous ſavez le latin, je vous envoie donc un *Oculiloquium*, un *Manuloquium*, & un *Pediloquium*. A dire vrai, l'Auteur; pour vouloir paroître poli, ne laiſſe pas d'avoir extrémement l'air du College, & cet alliage de pedanterie & de galanterie ne vous plaira peut-être pas trop. Il a fait ſagement d'abreger ſa Diſſertation ſur le langage des piez: pour l'amplifier davantage , il auroit été reduit à redire vingt fois la même choſe d'une maniére très-peu ſatisfaiſante, & d'en uſer comme le Philoſophe de Moliére: vous vous ſouvenez de l'endroit , *Belle Marquiſe*, *vos beaux yeux me font mourir d'amour*.

Il me ſemble qu'on ne peut guére parler du pied que comme Ovide vouloit que ſa Maîtreſſe lui parlât: voici ce qu'il lui dit.

Quand près de vôtre Epoux vous irez prendre
　　place,
Marchez moi fur le pied pour flatter ma dif-
　　grace:
Et que je fache au moins par ce figne amou-
　　reux,
Qu'on quitte affez fouvent ce qu'on aime le
　　mieux.

Pour les mains, on peut fans héréfie les
croire parlantes.　Les mains font fort élo-
quentes, dit un Auteur † fameux ; Ce font
elles proprement, qui font les geftes, dont on
fefert pour enflammer l'action. Les autres parties aident bien ceux qui parlent, mais on
peut dire en quelque façon des mains, qu'elles parlent elles-mêmes. Car c'eft par elles
prefque auffi fouvent qu'avec la langue, que
l'on demande, que l'on promet, que l'on
appelle, que l'on renvoye, que l'on interro-
ge, que l'on nie : & enfin que l'on exprime un fi grand nombre de chofes differentes, qu'en cette étrange diverfité de langa-
ges de tant de nations, dont la terre eft ha-
bitée, il femble, que la nature ait refervé celui des mains tout feul pour le rendre
commun entre les hommes.
Mais il ne s'agit pas de vous prouver
que les mains favent parler : Il n'eft quef-
　　　　　　　　　　　　　　　　tion

---

† Faret, dans fon Honnête Homme

tion que du langage des yeux. Ce langage eſt un commerce de priéres muettes qui
ſe font par les yeux & qui ne s'entendent
que des yeux, qui comme elles partent du
cœur s'en vont droit au cœur ; C'eſt pourquoi elles ſont plus ſenſibles & plus tou-
chantes que celles qui parlent, & elles ne
demandent pas ſeulement le ſecours comme
celles-ci, elles l'exigent. En un mot ce
langage eſt une expreſſion ſpirituelle & en-
flammée des yeux, par laquelle deux cœurs
bien touchez ſe diſent reciproquement j'aime & je deſire d'être aimé. Si j'avois le
don de vous enflammer le cœur, je ſerois
ſûr de vous l'avoir appris ; il ſuffit qu'on
ait de l'amour pour y être maître. Vous
avez lû *la Logique des Amants*, & je veux
gager que vous avez paſſé ſur le chapitre
de *l'action*, ſans vous arrêter à cet endroit
qui vous étoit ſi néceſſaire. *C'eſt l'Amour
qui parle*.

Il y a des paſſions plaiſantes, comme eſt
la vuë de la beauté & la reception de l'a-
mour qu'elle produit, bien ſouvent l'Agent
patit en agiſſant, & le patient agit ſur ſon
agent. Cela arrive, quand une Belle me
reçoit au même tems, qu'elle me donne ;
alors l'Amant & l'Amante ſont agents &
patients tout-à-la fois, & ont ces deux puiſ-
ſances chacun en particulier.

C'eſt lorſque d'un Amant les amoureux regards,
   Qu'il lance comme autant de dards,
Dans les yeux languiſſants, qui cauſent ſon mar-
    tire,
   Par un pouvoir ſi ſurprenant,
   Font ſoûpirer quand il ſoûpire,
   Et me donnent en me prenant.
C'eſt alors que des yeux l'agréable langage,
Dit bien mieux que la voix ce que je fais ſentir.
   Lors que deux ames correſpondent,
   Par les yeux elles ſe confondent,
   Et par une même action
Elles ſe font ſentir la même paſſion.

Comprenez-vous cela Madame? Vous avez trop d'eſprit pour ne pas pénétrer le ſens de l'Auteur, & vous avez peut-être trop peu de diſpoſition à aimer pour goûter ce qu'il dit. Plût à Dieu, j'entends au Dieu d'Amour, que pour en être dignement punie, vous vous trouvâſſiez un jour dans le cas où ſe trouvoit la Dame Romaine à qui Ovide écrit ces vers, & que j'euſſe occaſion de vous dire auſſi quelque choſe d'approchant.

Quand dans les jeux publics où Rome eſt ſans
    ſeconde,
Je jette ſans deſſein les yeux ſur tout le monde,
De toutes ces beautez vôtre cœur Affligé,
               Vous

Vous fait un choix jaloux où je n'ai pas fongé;
Lorsque de quelque objet aimé de la nature,
Je furprens quelquefois un regard d'avanture,
Vos foupçons mal fondez trouvent par ce regard
Un amour concerté dans un jeu du hazard.

On ne fait, Madame, ce qui peut arriver. Cette éloquence muette que je vous prêche a une vertu qui me donne quelque efpérance.

Un regard dit plus que les plus longs difcours; & le langage des yeux n'eft pas celui qui perfuade le moins. Non feulement il eft expreffif, amoureux & languiffant, mais il eft extrêmement hardi, & les Amans peuvent dire par ce muet langage tout ce qu'ils veulent, malgré la defenfe des Belles & fans qu'elles puiffent s'en fâcher.

Le langage des yeux eft un charmant langage
    Et c'eft le feul dont l'ufage
    Eft à la mode en tous lieux ;
Il peut même adoucir une beauté farouche
    Et l'expreffion de la bouche
    Doit ceder à celle des yeux. *

Ouï, Madame, je me flatte de vous faire entendre raifon fur l'article de ce langage, & je goûte déja par avance le plaifir de vous entretenir.

C 2

Nous

_____
* _L'Amant raifonnable._

Nous ferons de nos yeux paſſer juſqu'à nos ames
Un commerce ſecret de ſoûpirs & de flâmes,
Et ces beaux truchemens d'une fidelle ardeur
Repaſſer dans nos yeux avec même douceur.

Au moins, Madame, ſi je réuſſis dans cette noble entrepriſe, vous n'emploierez pas mon art avec d'autres. La reconnoiſſance exige que vous me faſſiez joüir paiſiblement du fruit de mes travaux. Je veux dire que ſi je ſuis ſi heureux que de vous apprendre ce langage, pour tout retour, je pretens que vous ne vous en ſerviez qu'avec moi; ſi vous en uſiez autrement je mourrois de deſeſpoir. Le triſte ſort d'Ovide m'a vivement touché. Après s'être formé une Maitreſſe à ſa fantaiſie, après lui avoir enſeigné le langage des yeux, elle lui devint infidelle, & lui joüa le tour, que j'apprehende que vous ne me joüiez: Ecoutez-le ſe plaindre.

Helas ! dans les douleurs dont mon ame eſt atteinte
Je ſuis trop foible encore & trop juſte en ma plainte,
Mon cœur eſt trop charmé pour tenter un retour,
Et j'ai de trop bons yeux pour flatter mon amour.
Heureux qui prevenu d'une forte tendreſſe,
Peut contre ſes ſoupçons défendre ſa Maitreſſe,
Et lorſque ſes raiſons ſoûtiennent ſes appas,

Heu-

Heureux qui peut la croire & n'examiner pas.
Mais malheureux l'Amant & cruel à foi-même,
Qui voit le crime entier de la beauté qu'il aime,
Malheureux le triomphe où fon cœur eft reduit,
Lorfque pour l'excufer il eft trop bien inftruit.
Vous croiez par le vin que vous m'aviez fait boire,
Que mes yeux ébloüis ou mon peu de memoire
Aideroient vos appas à vous juftifier;
Mais l'Amour peut tout voir & ne rien oublier.
J'ai vû de vos regards la muette éloquence
Se faire de vos feux entiére confidence,
Vos tranfports animer cent timides foupirs,
Vos geftes amoureux exprimer vos defirs.

Mais pourquoi m'embaraffer des fuites d'une affaire qui n'eft pas encore commencée? quand vous aurez appris à parler des yeux, il fera affez tôt de fonger quand, où & à qui il vous faudra parler.

Il eft vrai, Madame, qu'à vous parler férieufement, il n'eft pas que vous ne vous foïez apperçüe de ce filence parlant où l'amour m'a obligé en vôtre prefence ; ouï je crois que vous avez fouvent lû par mes yeux dans le fond de mon cœur ; quand je vous difois tacitement & tout extafié.

 Don-

Donna, io vorrei dir molto,
Ma la lingua tremante Amor mi lega,
Pur se tace la bocca, il guardo prega.
Misero quanto stolto,
Quel ch'io voglia non sò. Voi che siete
Nel core e nel pensier voi ben potete
Veder ne' pensier miei
E nel mio cor, ciò che voler potrei?

Enfin, Madame, quand je vous parle des yeux, faites-moi l'honneur de m'écouter & de me donner des marques que vous m'entendez. S'il m'arrive jamais d'expliquer mon amour par ma bouche, je m'offre à essuier ces terribles vers. N'est ce pas se mettre à la raison?

'Ah, tout beau, gardez vous de m'ouvrir trop
     vôtre ame :
Si je vous ai sçu mettre au rang de mes Amans,
Contentez-vous des yeux pour vos seuls truche-
     mens,
Et ne m'expliquez point par un autre langage,
Des desirs qui chez moi passent pour un outrage,
Aimez-moi, soûpirez, brûlez pour mes appas,
Je puis fermer les yeux sur vos flâmes secrettes
Tant que vous vous tiendrez aux muets inter-
     prètes,
Mais si la bouche vient à s'en vouloir mêler,
Pour jamais de ma vuë il vous faut exiler.

CHA-

CHAPITRE V.

Les yeux triomphants & enchanteurs.

JE ne saurois épouser les sentimens de Bekker; Toutes ses raisons quelque fortes qu'elles puissent être, ne me persuaderont jamais qu'il n'y ait ni Magie ni Magicien.

Ne vous en déplaise, Madame, les yeux du sexe sont de francs Sorciers. Ils mettent en moins de rien un esprit à l'envers, ils rendent le cœur tout je ne sais comment. Ils ne se contentent pas de cela, ils fendent les rochers: ils vont même jusqu'à ébranler & à animer les Tours les plus massives; c'est ce qu'a vû Voiture de ses propres yeux dans un voïage. Voici ses termes,

> Nous vîmes dedans la nuë
> La Tour de Montleheris,
> Qui pour regarder Paris,
> Allongeoit son cou de gruë,
> Et pour y voir vos beaux yeux
> S'élevoit jusques aux Cieux.

Tou-

Toutes les duretez d'une Maitreſſe ſont inutiles pour rebuter un pauvre Amant que les yeux ont enſorcelé. L'Auteur que je viens de citer l'avoit éprouvé ; on le voit par ce Rondeau.

Pour vos beaux yeux qui me vont conſumant
L'Amour n'a point de peine & de tourment ,
De feu cuiſant ni de cruel martire,
Que de ſon cœur je ne vouluſſe élire
Et qu'on ne doive endurer doucement.

Tout l'Univers n'a rien de ſi charmant ,
Et s'il étoit ſous mon commandement,
Je quitterois volontiers ſon Empire
          Pour vos beaux yeux.

Toute la Cour vous ſert également ,
Mais quant à moi ſi je vais vous aimant
Ne croiez pas que par là je deſire
Cette faveur où tout le monde aſpire,
Car je vous aime & vous ſers ſeulement
          Pour vos beaux yeux.

Un autre Rimeur qui s'imaginoit poëtiquement avoir tous les Dieux pour rivaux , étoit ſi enchanté par les yeux de ſa Maitreſſe qu'il aimoit mieux s'expoſer à toutes les foudres de Jupiter que de la leur céder. Ecoutez-le parler.

Olinde , je fais bien qu'adorer vos beaux yeux,
Et flatter fes defirs d'une douce efpérance ,
C'eft indifcrettement entrer en concurrence
Avec ces Souverains qui gouvernent les Cieux.

Lors qu'ils mirent en vous tant de dons precieux
Qui marquent leur grandeur & leur magnificence ,
Ils fongeoient feulement à montrer leur puiffance ,
Et non pas à donner des rivaux à des Dieux.

Mais ils connoiffoient trop le prix de leur ouvrage
Pour n'avoir pas prevû qu'on lui rendroit hommage
Par tout où la beauté trouveroit des Autels.

En vain donc leur fureur menaceroit la terre.
Et fe voudroit armer pour punir les mortels ;
On aime plus vos yeux qu'on ne craint leur ton-
nerre.

Montreuil en avoit auffi dans l'aile,
quand il écrivit ces vers à fa Philis.

Pour éteindre des feux naiffans ,
Vous m'affûrez en vain que je perdrai mon tems,
A toutes vos rigueurs malgré vous je m'expofe:
Vous voir & vous aimer eft un affez grand bien.
Autrefois quand j'aimois , j'aimois pour quelque
chofe ,
Mais vos yeux m'ont appris qu'il faut aimer pour
rien.

C 5

Sar-

Sarrafin y a été pris comme les autres, il s'en explique à Silvie; fon fort fut femblable à celui d'un petit papillon qui fe va brûler à la chandelle.

Quand j'entendis parler de vos divins appas,
Il me prît de vous voir une fi forte envie,
Que bien qu'on m'avertît que j'allois au trepas,
Je n'ai jamais été fi vîte de ma vie.
Enfin je vins, je vis; mais je ne vainquis pas:
Vos yeux le favent bien Silvie.

Le Sonnet qui fuit fait affez voir l'impoffibilité de rompre le charme de deux beaux yeux.

La beauté que je fers & qui m'eft fi cruelle,
Se peut bien appeller un miracle des Cieux,
C'eft la peine du cœur, c'eft le plaifir des yeux
Et le divin objet d'une flâme immortelle.

La Mere des Amours ne fut jamais fi belle,
Ses regards font par tout des vainqueurs glorieux.
Et fa bouche qui forme un parler gracieux,
A l'éclat & l'odeur d'une rofe nouvelle,

Un excès de beauté me force à l'adorer,
Un excès de rigueur me défend d'efperer,
Sa beauté veut mon cœur, fa rigueur veut ma
vie.

Ain-

Ainſi le ſeul trépas a droit de me guerir,
Et je ne puis jamais ayant connu Silvie,
Ni la voir ſans l'aimer, ni l'aimer ſans mourir.

Celui-ci de la façon de Deſportes prouve avec autant de force que de delicateſſe,
ce que j'avance.

Rendez-vous plus cruels beaux yeux qui me bleſ-
    ſez,
Ce trait doux & piteux m'empoiſonne & me tuë;
Ah! non, durez ainſi. Mon ame eſt combattuë,
De trop de deſeſpoir vous voyant courroucez.

Temperez ſeulement ces raïons élancez,
Trop clairs & trop ardents qui m'offuſquent la vûë.
Mais ne les baiſſez pas, car mon mal continuë
    Et mon eſpoir defaut, quand vous les abaiſſez.

Doux, cruels, humbles, fiers, gais & trempez de
    larmes
Amour par ma douleur trouve en vous aſſez d'ar-
    mes,
    D'agréables langueurs & de plaiſans trépas.

Bref, toutes vos façons, beaux yeux m'ôtent la vie.
Hé donc pour mon ſalut, cachez vous je vous
    prie!
Non, ne vous cachez point, mais ne me tuez pas.

Une

Une Dame qui par ſes yeux victorieux,
avoit défait à platte couture toute la Cour
de France, s'en repentit & réſolut par un
motif de conſcience de ſe jetter dans un
Convent. Rien n'eſt plus beau ni plus ſoû-
mis que ce qu'un Courtiſan lui écrivit dans
ſon entouſiaſme amoureux, pour la détourner de ce deſſein.

Vous allez donc , Philis , abandonner ces lieux,
Vous allez ſous un voile ſombre
Nous cacher pour jamais l'éclat de vos beaux yeux,
Et mettre le ſoleil à l'ombre ?

De grace, dites nous que vous a fait la Cour,
   Pour attirer vôtre colére ?
   Et pour attirer vôtre amour ,
   Que vous a fait le Monaſtére ?

Que vous a fait le Cloître à qui vous promettez,
   Une merveille ſans ſeconde ?
   Ou le monde à qui vous ôtez,
   La plus rare choſe du monde ?

Ici

Ici les plus polis n'ont des yeux que pour vous ;
Pour vous chacun languit , pour vous chacun
    soûpire ;
Pourquoi donc vous ravir des hommages fi doux ,
    Et renoncer à vôtre empire ?

    Peut-être que vos yeux font las ,
De mettre ainfi par tout les cœurs en décadence ;
    Ou qu'ils craignent leur confcience
    De faire tant d'affaffinats.

Nous n'avions pas le foin de chercher un azile ,
    Contre la rigueur de vos coups :
    Vous plus humaine & plus habile ,
De peur de nous bleffer vous vous cachez de nous.

    Ouï , vôtre gloire vous allarme ,
    Au lieu de vous enorgueillir ;
Et quand la defaite nous charme .
La victoire vous fait pâlir.

O conduite obligeante & sage ,
O vertu du plus haut degré,
Mais qui n'eft guére à nôtre ufage,
Et dont on vous fait peu de gré.

Helas! dites vous à toute heure ,
Que de mal font ici mes yeux !
Si je ne fuis loin de ces lieux,
Il faudra que chacun en meure.

Depuis que je fuis à la Cour,
Que de libertez engagées !
Que de franchifes ravagées,
Et que de cœurs percez à jour !

Mais à cette pitié que vôtre cœur écoute,
 Ne vous obftinez pas fi fort,
Percez, frappez, tuez, mettez tout en déroute,
 Chacun vous pardonne fa mort.

Jo

Je ne fais pas dequoi s'avife
Cette vaine tendreffe avecque fes helas :
Gardez nos libertez, gardez nôtre franchife
   On ne vous les demande pas.

Mais vous mourrez, m'allez vous dire,
Et ce n'eft qu'en fuïant que je puis vous guerir ;
C'eft en vain qu'on fe plaint, c'eft en vain qu'on
     foûpire
   Hé bien, quitte pour en mourrir.

En vain vôtre foin s'évertuë
   A foulager nôtre tourment,
Car enfin après tout qu'importe qui nous tuë,
   La prefence ou l'éloignement ?

Rendez donc vos beautez parfaites
A des yeux affligez qui ne cherchent que vous ;
   Et des grands maux que vous nous faites
   Ne vous plaignez pas plus que nous.

Que

Que si le zele saint dont vous êtes frappée
Croit bannir loin de vous l'amour & les appas,
Certes vous êtes attrappée
Car il ne vous quittera pas.

Il a trouvé dans vos beaux yeux
Une demeure assez jolie!
Où, dites-moi; je vous supplie,
Peut-il aller pour trouver mieux?

Quoique sur ce sujet vôtre raison medite,
    Sachez qu'en secret il en rit;
    Vous avez beau changer d'habit,
    Il ne changera pas de gîte.

Sans doute l'amour & le soc
Sont deux choses bien assorties;
Mais gardez bien qu'un jour il ne le pende au croc,
    Ou qu'il ne le jette aux orties.

Ce

Ce Demon auſſi fier qu'il eſt malicieux,
Malgré nous bien ſouvent nous mène à la baguette
  Quoique la vertu nous promette,
Il n'eſt pas loin du cœur quand il eſt dans les yeux.

Un pauvre Gentilhomme qui ſavoit ce qu'il lui en coûtoit pour avoir approché de trop près les yeux de ſa maitreſſe, ne pouvoit ſe reſoudre à éprouver leurs forces & leurs charmes une ſeconde fois. Chien échaudé craint l'eau froide. Voici comme il avouë ſa foibleſſe, & comme il lui dit naïvement ſes véritez.

Vous demandez pourquoi je vous vois rarement,
Vous que de mille appas la nature a pourvuë,
Et moi, je vous demande un peu plus juſtement,
  Helas! pourquoi vous ai-je vuë?

Vien me voir, dites-vous, j'aime ton entretien,
  Cela ne coûte rien à dire,
Mais vous prenez mon cœur & moi je ne prens
    rien,
  Et Marchand qui perd ne peut rire.

Si vous pouviez favoir ce que pefent vos coups
Si vous aviez un peu l'honneur de vous connoître,
 Vous nous confeilleriez peut-être
 De ne nous jouër pas à vous.

 Mais en l'âge que vous avez,
Vous ne favez encor ce que vous devez faire;
 Ou du moins, fi vous le favez
 La pitié ne vous touche guére.

Que mon cœur foit malade ou qu'il fe porte bien,
Vôtre humeur pour cela n'en change pas de note;
 Et fi tôt qu'à vous il fe frotte
Vous lui donnez cent coups & vous n'en fentez
   rien.

Ouï, vous avez une ame & fi forte & fi faine
Et tous fes mouvemens font fi bien compofez,
 Que la peine que vous caufez,
 Ne vous caufe jamais de peine.

A

A vos yeux mille & mille fois
Les miens ont expliqué mes douleurs nompareil-
　　les;
Mais helas! c'eſt en vain qu'on leur parle françois,
Vos yeux ne ſont pas vos oreilles.

C'eſt ainſi que de tous les maux
　　Juſqu'ici vous êtes émuë;
Moi je ſuis un peu tendre à ces rudes aſſauts,
　　Et je meurs ſi tôt qu'on me tuë.

Si vos yeux ne me diſoient rien,
　　S'ils me laiſſoient en patience,
　　S'ils étoient un peu gens de bien
S'ils avoient quelquefois un peu de conſcience.

Je ſerois de bon cœur près de vous attaché
　　Pour le moins ſept jours la ſemaine,
Et ſi ne vous voir pas eſt mon plus grand peché,
　　C'eſt auſſi ma plus grande peine.

Mais de ces doux tirans la puissance maîtrise
  Et le plus fort & le plus fin,
Et malheur à toute franchise
  Qu'ils rencontrent en leur chemin.

  Pour assujettir les esprits,
Et mettre le repos en une étrange risque
  Aux yeux les plus beaux de Paris
Vos yeux en un besoin donneroient quinze & bisque.

  Aussi, graces à vos appas,
Mon cœur & ma raison sont en mauvais menage,
  Mon visage abbatu ne se reconnoît pas,
  Tant il a changé de visage.

Me faire sans regret incessamment gemir
  Cela sent un peu la cruelle;
Il vous semble, ma foi, qu'on ne doit plus dormir
  A cause que vous êtes belle.

Je fais que vous avez contre la liberté
Tous les riches talents d'une ame grande & haute,
Que vous avez de la beauté
Mais enfin ce n'eft pas ma faute.

Ce grand merite fi connu
Ne rend pas pour cela mes peines legitimes,
    Et pour vous en parler d'un air tout ingenu,
Vos vertus ne font pas mes crimes.

En vain me dira-t-on, je me plains de vos coups,
On ne m'adreffe pas une atteinte fi belle,
A faire feulement des captifs comme vous,
    Le jeu ne vaut pas la chandelle.

Mais, ô la belle invention!
Le fouverain remède au malheur que j'éprouve!
Certes je ne fais pas fi l'on me cherche, ou non,
    Mais je fens bien que l'on me trouve.

Bien que vos yeux vous foient garants
Que fur les plus polis vous avez la victoire ;
　Je ne gate point vôtre gloire ,
Et les petits profits ne nuifent point aux grands.

　Pour le moins je fervirai d'ombre
A rehauffer l'éclat de vos autres exploits ;
　Ou bien je fervirai de nombre
Lorfque vous compterez vos Amants par vos doigts.

Enfin fi refifter foiblement aux combats ,
Que malgré vous & moi vôtre beauté me livre ,
Ou fi mourir pour vous offenfe vos appas ,
　Vous n'avez qu'à me laiffer vivre.

Je fais que cette mort me mettroit bien avant
　Dans le beau Temple de Memoire ;
Je fais bien qu'en mourant j'éleverois ma gloire,
　Mais je mourrois en l'élevant.

Cet

Cet honneur tout brillant qu'il eſt,
Ne flatte guere mon envie ;
Car on ne l'acquiert point qu'il n'en coûte la vie,
    Et cette clauſe me déplaît.

    C'eſt un peu moins qu'une chimére ,
Quand des traits de la mort nous ſommes enta-
        mez ;
Et d'un éclat qui vient quand les yeux ſont fer-
        mez ,
    Les yeux qui ſont ouverts ne s'éblouïſſent
        guére.

A parler franchement s'il arrivoit un jour,
Pour avoir vû vôtre viſage ,
Que je vinſe à mourir d'amour,
Seroit-ce vivre en homme ſage ?

    Le pauvre garçon , diriez-vous
    Tout de bon ſa perte me touche ;
Après cela mon ſort en ſeroit-il plus doux ,
    Et la parque bien moins farouche ?

D 4

Quand

Quand même vôtre cœur pourroit être blessé
. D'une douleur un peu plus vive,
En serois-je moins trépassé
Pour cette pitié fugitive ?

Mais après tout j'ai beau chercher
Dans mon experience un conseil salutaire,
· Et la raison a beau prêcher
A qui n'a dessein de bien faire.

Ouï malgré les conseils d'une crainte fidelle,
Malgré ses soins officieux,
Il faut bien nous resoudre à revoir vos beaux
yeux,
Et nous brûler à la chandelle.

Après avoir vû les appas
Qui brillent sur vôtre visage,
J'ai raison de n'en avoir pas
Et serois bien fou d'être sage.

Mais

Mais pour adoucir le tourment
Où ma témérité m'expofe,
Du pouvoir de vos yeux retranchez quelque
      chofe
Et ne me frappez point ou frappez doucement.

Loin d'emploïer toutes vos armes
A reduire mon ame & captiver mon cœur,
Loin de m'étaller tous vos charmes,
Epargnez vôtre Serviteur.

Enfin, Madame, n'ai-je pas raifon de
m'en prendre à vous; & fans vous faire
une querelle d'Allemand, ne fuis-je pas en
droit de vous chanter poüilles?

Qui pourroit refifter aux traits
Que lancent vos divins attraits?
Jamais une place afliégée,
Prife d'aflaut & faccagée,
N'a fenti de fi rudes coups
Comme un cœur attaqué de vous;
Bien-tôt fa force eft defarmée,
Et fa defenfe confumée;
Et fans qu'il ofe contefter,
Il demande à parlementer.
Tant de graces qui vous font belle,

D 5

D'un

D'un confentement fi fidelle
Confpirent avec tant d'accord
D'intelligence & de rapport,
A vous acquerir la victoire,
Que toutes ont part à la gloire.
Les yeux font les chefs glorieux,
La bouche feconde les yeux;
Ce teint de corail & de neige,
A cet étrange privilège
D'être le féjour des froideurs,
Comme la fource des ardeurs,
Et de brûler tout ce qu'il trouve
Sans que même fort il éprouve.
Cet efprit fi plein de clarté
D'agrément, de vivacité,
Ce je ne fais quoi, qu'on admire,
Qu'on voit & qu'on ne fauroit dire.
Savent fi bien folliciter
Que quiconque fe peut vanter
D'être à l'épreuve de ces armes
Il eft à l'épreuve des charmes.
Ouï, j'oferois faire ferment,
Que vous ufez d'enchantement,
J'en ai déja puiffantes preuves,
Et peut-être auffi des épreuves,
Donc loin de vanter les combats
Que livrent vos divins appas,
Belle forciére je demande
Que l'on vous faffe reprimande,

Ou

Ou qu'on fasse vôtre procez ;
Bien rude en sera le succez ;
Et si ma raison n'est troublée,
Vous meritez d'être brûlée ,
Mais j'entens s'il plaît à la Cour,
Que ce soit des flammes d'amour.

Il n'y a pas jusqu'à Thomas Diafoirus qui n'ait experimenté la force enchantereíse des yeux ; on en peut juger par ces termes du compliment si bien trouffé, qu'il fit à la belle Angelique : Ni plus ni moins que la ftatuë de Memnon rendoit un fon harmonieux , lorfqu'elle venoit à être éclairée des rayons du Soleil ; tout de même me fens-je animé d'un doux tranfport à l'apparition du Soleil de vos beautez ; & comme les Naturalifes remarquent que la fleur nommée Heliotrope tourne fans ceffe vers cet aftre du jour, mon cœur dorenavant tournera-t-il toûjours vers les aftres refplandiffants de vos yeux adorables ainfi que vers fon pole unique.

Un Amant ennemi de la tirannie, qui avoit été pris par les yeux, comptoit de fe pouvoir déprendre; mais c'étoit compter fans fon hôte.

Je voulus étouffer cet amour obstiné,
Qui d'un de vos regards en mon cœur étoit né,
Et je crûs que j'avois satisfait mon envie:
Mais, Lise je me trompai fort,
Cet amour est encore en vie,
Le petit traître fit le mort.

Les plus vaillants Heros, après avoir subjugué les Nations les plus belliqueuses & les plus indomptables ont été obligez de se rendre à discretion, à deux beaux yeux. Ils en ont arrêté tout court, dont le cœur altier embrassoit toute la terre. Ce qu'il y a de bon, c'est que l'humeur feroce des gens de guerre se change par l'enchantement des yeux, en douceur & en politesse.

Le jeune Amour, bien qu'il ait la façon
D'un Dieu qui n'est encor qu'à sa leçon,
Fut de tout tems grand faiseur de miracles.
En gens coquets il change les Catons.
Par lui les sots deviennent des Oracles.
Par lui les loups deviennent des moutons.
Il fait si bien que l'on n'est plus le même
Têmoin Hercule & têmoin Poliphême
Mangeurs de gens. L'un sur un roc assis
Chantoit aux vents ses amoureux soucis,

Et pour charmer fa Nimphe joliette
Tailloit fa barbe & fe miroit dans l'eau,
L'autre changea fa maſluë en fufeau
Pour le plaifir d'une jeune fillette.
J'en dirois cent; Bocace en rapporte un,
Dont j'ai trouvé l'exemple peu commun,
C'eſt de Chimon jeune homme tout fauvage,
Bien fait de corps, mais Ours quant à l'efprit,
Amour le léche & tant qu'il le polit;
Chimon devint un galant perfonnage,
Qui fit cela? deux beaux yeux feulement
Pour les avoir apperçus un moment. †

D'où vient, Madame, ce pouvoir fi ab-
folu que les yeux du beau fexe ont fur
nous? N'y a-t-il pas moyen de découvrir
la caufe du charme imperieux qui nous
range fous leurs loix par une fi douce
violence? Mr. Perraut dit que Cupidon
fait fa refidence dans les yeux d'une Belle;
je me doute qu'il a raifon, & que c'eſt ce
petit malicieux qui caufe tout ce manége.

L'Amour eſt un Enfant auſſi vieux que le monde,
Il eſt le plus petit & le plus grand des Dieux.
Il remplit de fes feux le ciel, la terre & l'onde,
Et toutefois Iris le loge dans fes yeux.

† Contes de la Fontaine.

Voiture qui étoit un vieux routier en amour, s'eſt même apperçû que les yeux pour agir avec tant de force, logeoient toute la troupe des Amours. Un jour que ſa maitreſſe lui avoit dit deux mots de douceur, il lui écrivit tout charmé.

Je crois, qu'en ce moment la Reine de Chitére,
Sans pas un de ſes fils ſe trouva dans les cieux;
Et que tous les Amours abandonnant leur Mere
Etoient dedans mon ame ou bien dedans vos yeux

Ils brilloient dans vos yeux & brûloient dans mon
      ame ,
Perçant d'un ſi beau feu les ombres d'alentour
Que je vivois heureux, au milieu de la flâme ,
Et que j'avois de joie auſſi bien que d'amour.

Depuis, ils ont toûjours gardé la même place,
Admirant vos beautez & mon extrême foi:
Et quoique vous faſſiez, Aminte, ou que je faſſe,
Je les vois tous en vous, je les ſens tous en moi.

CHA-

CHAPITRE VI.

Les yeux, residence de Cupidon.

OUï, Madame, je soûtiens que Cupidon qui est consideré par tout comme le Maître des Dieux & des hommes, s'est renfermé dans l'étroite sphére des yeux d'une Belle.

L'Amour, ce joli Roi des Dieux,
Fait son Trône de vos beaux yeux,
Et vous voulez faire paroître
Que vous ne pouvez le connoître;
Il trouve la tout à la fois
Son arc avecque son carquois
Son flambeau, ses subtiles fléches,
Qui font de si cuisantes brêches
Et tout son petit Arsenal,
Qui cause en tous lieux tant de mal.
C'est là qu'il tient boutique ouverte,
Toûjours à gain, jamais à perte,
Et de là qu'il peut à des Rois
Donner de souveraines loix
Et faire admirer à la France
Son adresse & vôtre puissance.

Donc

Donc, puis qu'il a son logement
Dans cet aimable appartement,
Ne croiez pas qu'on doive taire
D'avoir ce joli locataire;
Il fait honneur à la maison, &c.

Il y a toutes les apparences du monde
que cet habile homme, qui conseilloit à un
Peintre de ses Amis de ne pas peindre une
certaine Philis, n'ignoroit pas cette verité.

Quand tu veux de Philis nous peindre la beauté,
Ton dessein, cher ami, peut bien t'être funeste;
Et si tu n'y perds pas toute ta liberté,
    Tu dois en avoir bien de reste.

Il faut voir ses beaux yeux, qui donnent tant d'a-
        mour
    Pour nous achever sa peinture;
Et s'ils ne perçent pas ton pauvre cœur à jour,
    Il faut qu'il ait la peau bien dure.

Je sais qu'à ces combats les tiens sont aguerris,
Que ton cœur rarement devient une conquête;
Mais si l'erreur enfin ne trouble mes esprits
    Tu ne te vis jamais en une telle Fête

                                        En

En vain pour se defendre on met tout en usage,
  En vain on croit parer ses coups :
Elle sait attaquer avec tant d'avantage,
  Que l'ame la plus fine a bientôt du dessous.

  Donc, si contre mon sentiment,
Avoir tous ses appas la tienne est résoluë,
Tu dois auparavant faire ton testament,
  Beaucoup sont morts pour l'avoir vuë.

Vous demandez, peut être des preuves
plus sûres de ce que j'avance. Je vous en
vais donner, Madame, & vous faire voir
par quel coup du fort Cupidon habite pre-
sentement dans les yeux des Belles.

Amour tout enflé de victoires
Alloit bravant dedans les Cieux,
Et ne vantoit aux autres Dieux
Que ses tiomphes & ses gloires.

Eux, à la fin qui se lassèrent
De voir l'insolente façon
De ce jeune & sot enfançon
Du Ciel de dépit le chassèrent.

Ban-

Banni du Ciel il vole en terre,
Et réfolu de s'en venger
Dans leurs yeux il fe vint loger
Pour de là faire aux Dieux la guerre.

Mais ces yeux d'étrange nature
L'ont fi doucement retenu,
Qu'il ne s'eft depuis fouvenu
Du Ciel, des Dieux ni de l'injure.

J'efpére, Madame, que vous ne me foupçonnerez pas d'être l'Auteur de ces vers. L'air dont ils font bâtis marque affez leur antiquité. Vous voila donc obligée de m'avouër que vos yeux font les Palais de l'Amour; mais ce ne font pas les feuls qu'il ait; Tous les cœurs de nous autres pauvres Amants font autant de châteaux d'où il ne bouge non plus que des yeux du beau fexe.

Crudel, perch'io non v'ami
M'avete il fol de be'voftri occhi tolto,
Quafi nel voftro volto
Tutto s'annidi, e non nel petto mio,
E fia bellezza Amor più che defio.
Ma laffo nel mio core
Tanto Amor è piu Amore,

Quante

Quanto il foco è piu foco ou'arde e'ncende,
Che dove alluma e splende.

Il n'a pas tenu au Guarini que l'Amour n'ait demenagé pour se loger dans ses yeux & dans le cœur de sa maitresse; Mais c'est en vain qu'il veut capituler avec lui, point d'affaire.

Dou'hai tu nido Amore,
Nel viso di Madonna, ò nel mio core?
S'io miro come splendì,
Se' tutto in quel bel volto;
Ma se poi come impiaghi, e come accendi,
S'e tutto in me raccolto.
Deh, se mostrar le maraviglie vuoi
Del tuo poter in noi,
Talor cangia ricetto;
Ed entra a me nel viso, à lei nel petto.

Un François du bon vieux tems à eu aussi dessein de dénicher l'Amour des yeux de sa maitresse pour le faire décendre jusque dans son cœur. Sa pensée est à peu près la même que celle du Guarini. Elles sont si semblables qu'à mon avis, l'un doit avoir volé l'autre.

Charlotte a dans son sein la glace
Le feu dans ses beaux yeux ardents,
Moi chetif je brûle au dedans
Et porte le froid sur la face.

Amour qui en elle demeure
Se plaît de loger dans ses yeux,
En moi logeant il aime mieux
Faire dans mon sein sa demeure.

A tort on t'apelle volage,
Am ur, tu ne changes jamais?
De grace, loge desormais
Dans son sen & sur mon visage.

Je n'en demeure pas là, Madame;
l'Amour n'est pas seulement dans les yeux
du sexe, mais on l'y peut voir, & tout
esprit qu'il eit, on le peut toucher sur une
belle bouche.

Dice la mia bellissima Licori,
Quando talor favello
Seco d'Amor, ch' Amore è spiritello,
Che vaga e vola, e non si può tenere,

Ne toccar , ne vedere ;
E pur se gli occhi giro
Ne suoi begli occhi il miro :
Ma no'l posso toccar , che sol si tocca
In quella bella bocca.

Quand vous traiteriez de chansons tout ce que je viens de dire, le charme naturel de vos yeux n'est-il pas assez puissant pour nous faire bien du mal? Ouï sans doute, Madame, & si vous vous rendez justice, vous ne l'oseriez nier.

Contre Ganimède un jour
Le petit enfant Amour ,
Au jeu d'échets par gageure
Avoit perdu d'avanture
Son arc & ses traits aussi :
Quand sa Mere a sçu ceci
Plus legére qu'une nuë
Vers son fils elle est venuë
Comment petit compagnon ,
Petit sot, petit mignon ,
Es-tu si hardi, dit-elle ,
De faire une perte telle?
De hazarder en un jeu
Les armes dont tu es Dieu?
Dequoi feras-tu la guerre
Aux hommes dessus la terre ,
Et dequoi dedans les Cieux

Surmonteras-tu les Dieux?
Qui plus de toi fera conte?
Va, va te cacher de honte,
Aïant perdu ton credit.
Lors Amour lui répondit
Je n'ai plus rien en effet,
Mais, ma Mere c'en eſt fait,
Et c'eſt un mal ſans remèdē,
Ce pipeur de Ganimède,
Au jeu plus que moi ruſé
M'a méchamment abuſé :
Toutefois n'en aïez cure,
Repren cœur car je t'aſſûre
D'étre toujours deſormais
Auſſi puiſſant que jamais.
N'aïez peur qu'on ne m'honore
Charlotte a des yeux encore:
Tant que ces yeux dureront
Les Dieux me redouteront.

CHA-

CHAPITRE VII.

Les Yeux boute-feux.

UN certain Italien pour relever le brillant des yeux de la Princesse Grenadine, assûre que les Astres ne sont beaux qu'à proportion qu'ils leur ressemblent. Les Poëtes de cette nation appellent le Soleil, l'œil du jour ou l'œil de l'Univers, & ils croient faire honneur aux étoiles de dire que ce sont les yeux de la nuit. Un Espagnol soutient qu'à l'entrée de la Reine d'Espagne dans Madrit qui se fit au Mois de Janvier, la sérénité de son visage rendit la vie aux prez & la force aux plantes. Ce ne sont pas seulement les Italiens & les Espagnols qui ont mis les yeux au dessus du Soleil pour l'éclat & la majesté. Ne croiez pas, Madame, que ce soit une fougue de ces Nations qui aiment à donner dans les écarts d'un merveilleux ridicule. Voiture qui est le plus raisonnable de nos Auteurs parle aussi avantageusement qu'eux du brillant des yeux.

Au

Au Cours du bois de Vincennes
Le Soleil a difputé
De lumiere & de beauté
Avec la belle d'Angennes,
Mais le Soleil le perdit
Au raïons qu'elle épandû

Au milieu de fa carriere
Voiant l'éclat de fes yeux ,
En vain le flambeau des Cieux
Fit redoubler fa lumiére,
Car avecque tous fes feux
Qu'eût-il fait feul contre deux?

Il dit encore ailleurs.

Des portes du matin l'Amante de Cephale
Ses rofes épandoit dans le milieu des airs :
Et jettoit fur les Cieux nouvellement ouverts
Ces traits d'or & d'azur, qu'en naiffant elle étale.

Quand la Nimphe divine a mon repos fatale
Apparut & brilla de tant d'appas divers ,
Qu'il fembloit qu'elle feule éclairoit l'Univers
Et rempliffoit de feux la rive Orientale.

Le Soleil fe hâtant pour la gloire des Cieux ,
Vint oppofer fa flamme à l'éclat de fes yeux ,
Et prît tous les raïons dont l'Olimpe fe dore.

L'on

L'onde , la terre , l'air s'allumoient à l'entour ,
Mais auprès de Philis on le prît pour l'Aurore ,
Et l'on crût qne Philis étoit l'Aftre du jour.

Après cela, Madame , y a-t-il un cœur
quelque ferré à glace qu'il foit, qui puiffe
tenir contre des yeux qui jettent feux &
flammes? Vous n'avez que faire de rire :
ce que j'avance eft vrai à la lettre.

Ils brûlent l'herbe encor , mettent les fleurs en
     poudre,
Brillent comme un Soleil & brûlent comme un
     foudre.

Un pauvre Amant dans le cœur duquel
des yeux ont mis le feu, a beau pleurer,
un torrent de larmes ne peut rien contre
un fi impetueux embrafement : Il fera toûjours obligé de s'écrier.

Des feux brûlent mon cœur , des pleurs baignent
     mes yeux ,
Depuis le tems qu'Amour m'a fait rendre les Ar-
     mes ,
Et toutefois mes pleurs n'éteignent point mes
     feux ,
Et toutefois mes feux ne féchent point mes lar-
     mes. *

E 5

De-

* Traduction d'Owen.

Defportes que l'Amour a rendu fi ingenieux & dont les penfées ont encore un tour nouveau, a exprimé admirablement l'ardeur cuifante que lui caufoit les yeux de fa maitreffe. Si fes expreffions ne font pas fi compaffées que celles de nos modernes, c'eft la faute de fon fiécle & non pas la fienne.

A peine un doux Printems commençoit à poufler,
Le poil au lieu de fleurs au bas de mon vifage,
Quand ainfi qu'un Soleil fans nuë & fans ombrage
Vòtre œil vint fa lumiére en mon ame élancer.
Ses raïons gracieux, luifant fans m'offenfer,
Echaufferent un tems doucement mon courage,
Mais comme il pourfuivit plus avant fon voiage,
De mille feux ardents je me fentis preffer.

Alors vint mon Eté, qui las! encore dure,
Dont le chaud fit mourir mon efpoir en verdure,
Sans que je puffe voir un feul de fes fruits meurs:

Je crois qu'entiérement il eût féché mon ame,
N'étoit qu'inceffamment je tempere la flâme,
Des vents de mes foûpirs , & des eaux de mes
　　　　pleurs.

Je fuis dans un age, Madame, où s'il me faut être brûlé tout vif comme Defportes, j'aime mieux l'être par vos yeux que par d'autres, & fi nous étions au tems des Metamorphofes , je me changerois en papillon

lon pour m'aller jetter dans un de vos yeux
& en faire l'urne de mes cendres.   Un de
vos Amants ne manqueroit pas de badiner
agréablement là-deſſus, & de vous dire,
ſans ſavoir que j'euſſe été une fois homme.

Ce petit papillon, ce petit rien qui vole,
En ſe jettant dedans vôtre œil
Ne fait pas un deſſein frivole
Et ne s'entend pas mal à choiſir un cercueil.

Après avoir long-tems careſſé la chandelle
Pour en faire ſon monument,
Ah! ventrebleu, dit-il, j'ai bien peu de cervelle
De mourir ſi honteuſement.

Gardons de perdre nôtre mort,
Quand il nous faut perdre la vie;
Tâchons d'annoblir nôtre ſort
Et ſongeons qu'un bel œil vaut bien une bougie.

Mourant ainſi j'oſe eſpérer
Qu'un ſi noble trépas va me couvrir de gloire,
Par tout on va me révérer,
Et les plus beaux eſprits écriront mon hiſtoire.

Je

Je deviendrai leur entretien,
Je ſerai dignement couché dans la Cronique,
Et même je me promets bien
D'avoir une ſtatuë en la place publique.

Trouver un ſi noble aſſaſſin,
C'eſt une mort digne d'envie,
Et c'eſt faire une belle fin,
Que de quitter ainſi la vie.

Ouï, certes à mon petit ſens,
Bien que mon corps ſoit mince & ma taille petite,
Je meurs en enfant de merite
Et comme les honnêtes gens.

Même mon trépas a des charmes
Que le leur ne leur montre pas;
Ma mort, belle Philis, vous va coûter des lar-
    mes;
Et vous riez de leur trépas.

En achevant cette parole,
Aussi-tôt dit, aussi-tôt fait,
Cette subtile bestiole
Dans vôtre œil entr'ouvert, va mourir à souhait.

Mais quoi, vous pleurez tout de bon
Cette petite bête morte;
O que ne suis-je papillon,
Pour être pleuré de la sorte!

O que les esprits sont felons
Dans le cruel siécle où nous sommes.
Vous pleurez pour des papillons
Et vous ne pleurez point les hommes.

Appliquez mieux vôtre amitié
Soïez un peu plus équitable;
Et si vous sentez la pitié,
Que ce soit pour un miserable.

Si jamais vôtre cœur en peut faire paroître
   Pour les maux d'un pauvre garçon
Les miens à vos beaux yeux font aifez à conoître
   Car ils font tous de leur façon.

Les yeux embrafent les maifons mêmes, quand il leur plaît. Mr. le Païs m'en eft témoin. N'avez-vous pas lû une lettre qu'il écrit fur cela à fa Califte? Si vous ne vous en fouvenez pas, je vous en ferai bien fouvenir.

LETTRE à CALISTE.

Vous ne fauriez, Califte, vous empêcher de faire des vôtres. Vous êtes deftinée à mettre le feu par tout, & vous auriez eu bien du regret, que la noce de vôtre pauvre Metayére eût été exemte de vos incendies. Vous avez beau me dire que vous n'êtes pas revenue de cette peur, & que vous en tremblez encore. A d'autres, Califte, à d'autres, je vous connois, vous êtes accoûtumée au feu, & il n'y a point d'apparence qu'après avoir brûlé tant de cœurs, vous ayez eu peur de voir brûler une maifon. L'embrafement des chofes infenfibles ne vous doit point toucher, puifque vous n'êtes pas touchée de celui d'un homme auffi fenfible que moi. Au refte n'en attribuez point la caufe à mes enchantemens; la chofe a été naturelle. Une méchante

mai-

maiſon couverte de paille ne pouvoit ſe ſauver près d'un feu auſſi grand que celui de vos yeux. Car c'eſt celui-là & non pas celui de la chandelle qui a fait le deſordre. Je ſais de bonne part, que le nouveau Marié qui eut le cœur aſſez bon pour ſouhaiter que vous fuſſiez ſa nouvelle Mariée, fut le miſérable auteur de cet incendie. Mais je ſais auſſi que vous ayant vûe, il devint ſi troublé, qu'il ne ſavoit pas ce qu'il faiſoit. Le feu de vos yeux le mit tellement en deſordre, qu'il ne ſe ſouvint pas d'ôter une chandelle , qu'il avoit portée pour tirer du vin, près de la paille où le feu commença. Après cela dites que ce n'eſt pas vous qui avez été l'incendiaire. Soûtenez encore que vos yeux ne ſont pas les plus grands boute-feux du monde. Encore paſſe, s'ils ſe contentoient de brûler des maiſons , mais il n'eſt point de cœurs qu'ils épargnent : Et ceux-là ſont les plus heureux, qu'ils conſument le plus promptement. Pour le mien, il n'a pas ce bonheur , vous le brûlez à petit feu pour rendre ſon tourment plus long & plus cruel.

Celui du Cavalier Marin avoit été entierement reduit en cendre , & ſur ce pied-là, il n'avoit plus rien à craindre ni à eſperer de l'Amour. Voici le langage qu'il lui tint un jour qu'il le vit avec ſon Flambeau éteint à la main.

In

In quel gelato cuore,
La face hai spenta Amore?
Se raccenderla tenti,
Vanne a'begli occhi ardenti
Ou'han forza maggior gl'incendi tuoi,
Mà se la gir non vuoi
Temendo forse il lor Custode, Honore.
Al mio cor non venir, cerca altro loco,
Tutto cenere è già; non v'hà più foco.

Un galant homme qui avoit affaire à une Dame, dont le cœur armé de vertu de pied en cap, n'auroit pas manqué de se gendarmer d'une déclaration d'amour, prît un tour très delicat. Pour autoriser sa passion il se rabbat uniquement sur ce que les yeux de cette Belle l'avoient brûlé.

Il est vrai, belle Iris, je vous aime, il est vrai,
Et mon amour doit vivre autant que je vivrai:
Si c'est vous offenser, sachez que mon envie,
Est de vous offenser tout le tems de ma vie:
Si c'est crime d'aimer, je veux vous avertir,
Que je mourrai plutôt que de m'en repentir:
Mais depuis quand l'amour peut-il rendre coupa-
    ble?
Et quel crime d'aimer ce que l'on trouve aimable?
Iris au nom de Dieu ne nous plaignons de rien:
Vos yeux font leur devoir, & mon cœur fait le
    sien:

Et

Et s'il se peut trouver dans l'amoureux martire,
Du crime à le causer & du crime à le dire,
Vous faites le premier en causant mon amour,
Je fais un second crime en l'exposant au jour;
Nous sommes en cela criminels l'un & l'autre,
Consentez à mon crime & je consens au vôtre,
Je pardonne à vos yeux de ce qu'ils m'ont brûlé,
Pardonnez à mon cœur de ce qu'il a parlé.

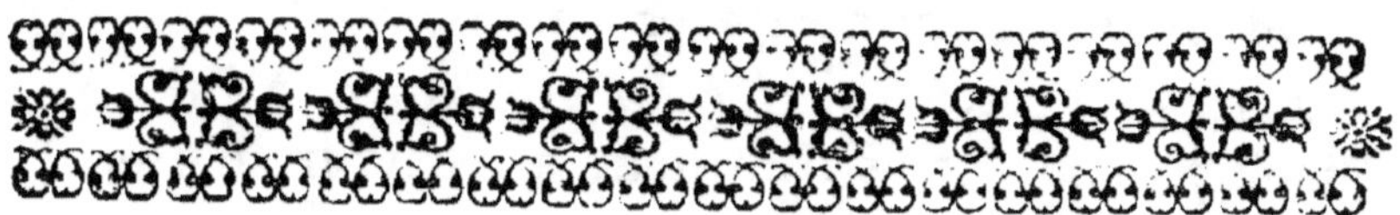

CHAPITRE VIII.

Les yeux fripons & homicides.

VOici les étrennes qu'un homme aussi
plein d'amour que judicieux, envoïa
le premier jour de l'an à une Dame. Voyez,
Madame, comme il se jette sur la friperie
de ses yeux.

   Bon jour, Caliste, & bonne année,
Puisse le juste ciel contenter tous vos vœux,
   Et vous rende aussi fortunée,
   Que vous me rendez malheureux.

Je voudrois vous donner mon cœur pour vos
   étrennes ,
Si vous étiez d'humeur à me le pardonner;
Et même j'oferois vous demander les miennes
  Si le vôtre étoit à donner.

Mais Helas! efpérer le vôtre ,
C'eft ne vous connoître pas bien ,
Et je vous prens bien pour une autre
Qüand je vous crois d'humeur à recevoir le mien.

Penfer qu'il foit pour vous un bijou précieux
  C'eft fans doute beaucoup prétendre ,
  Pendant que vous aurez des yeux
  Vous aurez des cœurs à revendre.

Ouï, fans vous hazarder , fans qu'on s'en prenne
  garde,
Vous faurez bien les prendre & les mettre aux
  abbois,
Et quiconque à vous voir un moment fe hazarde
  Eft volé comme dans un bois.

       N'im-

N' importe , il faut me satisfaire ,
Quitte pour allumer un peu vôtre couroux,
Et qu'il vaille beaucoup , ou qu'il ne vaille guére ,
  Vous l'aurez en dépit de vous.

  Que si le vôtre est sans amour ;
S'il s'obstine toûjours à tromper son envie ,
Qu'il prenne garde à lui , je l'aurai quelque jour ,
  Ou du moins j'y perdrai la vie.

La cruauté inouïe de cette Dame lui fit paier bien cher sa hardiesse, quoique très respectueuse, comme vous voïez. Il mourut après lui avoir écrit ces vers.

Mourir pour vos beaux yeux est un si digne sort,
Qu'on ne peut trop priser une si belle mort ;
Et si vous ne voulez trahir mes espérances,
Qu'ils viennent augmenter le cours de nos souffrances
Ouï, ces doux assassins , ces meurtriers innocens ,
Ces illustres auteurs des maux que je ressens,
Tout percé que je suis de leurs rudes atteintes ,
Me forcent d'adorer la cause de mes plaintes,
Et que leurs traits subtils me livrent au trépas ,
Mon ame saura bien y trouver des appas ;
Je croirai que mon sort est trop digne d'envie ,
Et que ma mort vaut mieux que la plus belle vie ,
Puis qu'elle vient d'un coup qui blesseroit des Rois.

Et pourroit comme moi les soûmettre à des loix,
Mais, ô Dieux ! qu'ai-je dit, j'ai trahi ma pensée,
En decouvrant l'ardeur de mon ame insensée ;
C'est assez de vous voir, & de vous adorer,
Sans que j'ose le dire, ou que j'ose esperer :
Et parmi vos vaincus je reçois trop de gloire,
Sans vous faire rougir d'une telle victoire :
Il semble que vos yeux deshonorent leurs coups,
A vaincre un ennemi si peu digne de vous :
Et je prevois déja qu'étant ce que vous êtes
Vous leur reprocherez de si basses conquêtes,
Et que vous traiterez ces braves conquerants
Comme de malheureux ou de foibles Tirans.
Toutefois mon amour ne peut être blâmé,
Ou cessez d'être aimable, ou souffrez d'être aimée :
Pourquoi lancer par tout tant de traits allumez,
Et vouloir que mes sens n'en soient pas enflamez ?
Ai-je l'ame de marbre, ou le cœur invincible ?
Et pour n'être pas Roi, faut-il être insensible ?
Comme vous j'ai des yeux qui savent leur devoir,
Vous pour jetter des feux, moi pour les recevoir.
Ce n'est pas que l'excez d'une indiscrette flâme,
Aveugle ma pensée ou consume mon ame,
J'accorde mon devoir avecque mes souhaits,
Et ne fais point de vœux qui ne soient imparfaits,
Je ne demande pas qu'une ardeur mutuelle,
Unisse un malheureux avecque une cruelle,
Ou qu'abaissant ses vœux quand j'eleve les miens,
Jamais elle consente à ces honteux liens.

Je

Je connois mon deſtin, il ne m'a point fait naître
Pour poſſeder un bien qu'il me fit tant paroître,
Et l'inégalité qu'il mît entre nous deux,
Regle mes volontez ſans rallentir mes feux.
Ainſi ne blâmez pas, l'excez de ma ſouffrance,
Vous bleſſez ſans deſſein, je ſers ſans eſperance;
Ainſi ſouffrez mon mal ſans le vouloir guerir,
Je ne veux que vous voir, vous aimer & mourir.

Un Officier de marque, qui avoit affron-
té plus d'une fois la mort; ne put ſe dero-
ber aux traits mortels de deux yeux; quoi
qu'il en fût à plus de cent lieuës. Afin que
vous n'en pretendiez cauſe d'ignorance,
écoutez ce brave ſe plaindre à ſa belle meur-
triére.

Je ne puis plus diſſimuler,
Il faut que ma colere éclatte,
Et que je décharge ma ratte
A force de vous quereller.

Vous voïant toûjours inſenſible
A des maux qui pourroient faire affoler les Dieux,
Et mon cœur percé comme un crible
Des traits qui partent de vos yeux.

J'ai jugé Belle inexorable,
Qu'après de si rudes tourmens,
Et tant de mauvais traitemens
La place n'étoit pas tenable.

Je suis venu dans cette belle humeur
Jusqu'en l'un des bouts de la terre
Chercher la paix au milieu de la guerre
Ou quelque tréve à ma douleur.

Mais au lieu de trouver mon salut dans ma fuite
Par un malheur qui n'eut jamais d'égal,
Je vois que toute ma conduite
Me jette de fievre en chaud mal.

Par tout ma douleur m'accompagne,
Et le feu dont je suis épris
Brûle encore mieux en Espagne
Qu'il ne brûloit dedans Paris.

De

De même qu'une pauvre biche
Fuit & porte le fer dont ses flancs sont percez;
Ainsi fuiant jusqu'aux terres d'Autriche,
J'emporte tous les traits que vos yeux ont poussez.

Par tout leur force m'assassine ;
Malgré mon adresse & mon soin,
Et je sens que leurs coups portent cent fois plus
        loin,
Que Fauconneau ni Coulevrine.

Belle Caliste, c'est dequoi
Sans cesse je peste & je gronde,
Souffrez que je serve le Roi,
Faut-il ainsi faire mourir le monde ?

Vos yeux sont de mauvais François,
Et qui n'ont point de conscience
De conspirer avec l'Arragonnois,
Pour perdre en peu de temps tous les Braves de
        France.

F 4

Pour arrêter ces dangereux complots,
Si ce n'est que vous êtes fille,
Il seroit assez à propos
De vous mettre dans la Bastille.

Pour moi je crois qu'au fort de ma souffrance,
J'aimerois à me voir faire quelque raison,
De ce qu'en sortant de la France
Je ne suis pas sorti de ma prison.

C'est bien pour entrer en furie,
D'être par tout chargé de fers ;
Il semble que tout l'Univers
Soit seulement vôtre Conciergerie.

Vos beaux yeux par tout absolus,
Malgré moi me font reconnoître
Que vôtre pouvoir s'étend plus
Que celui du Roi nôtre Maître.

Mais

Mais sur tout belle je me plains,
Et la cause en est assez grande,
Que mon cœur soit, entre vos mains
Quand il doit me servir où l'honneur me demande.

Il falloit que l'Amour eût troublé mes esprits
Et mis ma prudence par terre,
De laisser mon cœur à Paris
Et de m'en venir à la guerre.

Tout blessé, tout percé, qu'il est
J'en pourrois faire quelque chose ;
Rendez le moi donc ; s'il vous plaît
Afin que l'honneur en dispose.

Mais non, n'écoutez pas de si mauvais desseins
Et gardez vous bien de le rendre ;
Dût-il mourir cent fois entre vos mains,
Je ne veux jamais le reprendre.

La guerre ne fait pas plus de desordres que

Ces excroqueurs de libertez,
Ces raviſſeurs de volontez,
Ces petits livreurs de batailles
Auteurs de tant de funerailles.

Ils ne ſe contentent pas de faire des conquêtes, de piller & de brûler, quand il leur en prend fantaiſie, ils tuent les hommes après les avoir mis à la chaine. Cet Eſpagnol qui prioit ſa Maitreſſe de lui prêter ſes yeux pour aller combattre ſon ennemi, ſavoit au juſte ce dont les yeux du ſexe ſont capables. Si j'étois Eſpagnol comme lui, je dirois que ce ſont des yeux de baſilic, qui ne laiſſent qu'un moment de vie a ceux qui ont la témérité de les regarder peu ſobrement. L'Amour y eſt en ſentinelle; il s'y tient ſur ſes gardes meurtriéres; il prend ſon tems pour faire inſulte aux libertez, pour aſſaſſiner les cœurs, & pour traiter une ame de Turc à More, ſelon le ſtile de Maſcarille. Après un quart d'heure de tête à tête avec ſa Maitreſſe, un garçon innocent & ſans malice, comme un pauvre mouton, ſe trouve obligé de s'écrier tout de bon & tout autrement que ce Marquis en peinture.

Oh, oh, je n'y prenois pas garde,
Tandis que ſans ſonger à mal je vous regarde,
Vôtre œil en tapinois me dérobe mon cœur,
Au voleur, au voleur, au voleur, au voleur.
Vous

Vous me direz que vous avez eu des foûpirans & des adorateurs, mais qu'il ne leur eſt jamais arrivé de jetter de ces fortes de cris. C'eſt, Madame, que le reſpect leur a fermé la bouche. Ils ſe font contentez de vous dire tout bas comme moi,

Vôtre bel œil feroit incomparable,
S'il n'avoit pas, Madame, un compagnon,
En regardant ce bel œil adorable,
Si l'on oſoit on crîeroit au larron.

Il eſt hors de doute que quand on nous a enlevé le cœur nous ne la faiſons pas longue, & de quelque côté que nous enviſagions les yeux des Belles, nous ſommes ſûrs d'aller en poſte à l'autre monde. Un regard fevere & un regard favorable nous ravit également le cœur & par conſequent nous donne la mort.

Luci belle e ſpietate,
Gli ſguardi, che girate
O di sdegno ò d'Amor, ſon ſempre eguali
Homicidi e mortali,
Perche, s'altrui mirate
Colme d'ira e d'orgoglio
Uccidete d'affanno & di cordoglio.
E ſe pietoſe encor vi rivolgete
Di dolcezza uccidete.

Puorquoi les yeux des Belles ne tueroient-ils pas quand ils font ouverts & qu'ils veillent,

lent, ils tuent bien quand ils sont endormis.

Occhi, stelle mortali,
Ministri de' miei mali,
Che'n sogno anco mostrate,
Ch'il mio morir bramate,
Se chiusi m'uccidete,
Aperti che farete?

Un François a senti & dit à peu près
la même chose sur ce sujet.

Beaux yeux d'Amarillis pleins de traits & de flàmes
Qui blessez tant de cœurs & qui brûlez tant d'ames,
Je pensois q 'endormis vous me seriez plus doux ;
Mais je sens de nouveau mes blessures secréttes.
Ah ! vous m'avez surpris perfides que vous êtes,
Vous cachez vous ainsi pour mieux faire vos coups?

La Mort & l'Amour s'entendent bien
souvent pour nous faire perir par les yeux
du beau sexe ; leur interêt commun forme entre eux des alliances comme entre les Potentats du monde. Desportes,
le delicat Desportes que je vous ai déja allegué & qui sait tout ce qui se trâme dans
le Cabinet de l'Amour, nous fournit un
exemple de cette fàcheuse verité dans ces
vers qu'il dressa à sa maitresse, après qu'elle fut relevée d'une dangereuse maladie.

La

La Mort qui porte envie aux plus rares beautez,
Couvrant toute clarté d'un ténébreux nuage,
Voulut fermer les yeux qui m'ont mis en servage,
Et punir d'un seul coup cent mille cruautez

Amour qui dans ses yeux prend ses traits indomtez
Tout aveugle qu'il est, connut bien son dommage,
O Mort; s'écria-t-il, si tu fais cet outrage
Tu nous rendras tous deux cent fois moins redoutez.

Laisse moi dans ces yeux qui font que je com-
    mande
Je ferai desormais ta puissance plus grande
Et rendrai par mes traits ton bras victorieux.

La Mort s'arrêta court, oïant cette promesse,
Et le cruel Amour du depuis n'a eu cesse,
Faisant mourir tous ceux qui regardent vos yeux.

Je conclus de là qu'il faut passer le pas,
dès que deux beaux yeux en ont prononcé l'arrêt. Il y avoit plus de malice que
de simplicité dans le fait d'une Belle à l'ame
tigresse, dont je vous vais parler. Un jour
son A̶ ant la regardant d'un air tendre &
passionné lui dit; Mademoiselle vos yeux
me tuent; comment vous tueroient-ils ré-
pondit-elle, ils n'ont point d'épée. Si elle a parlé sérieusement & comme elle pen-
soit, il faut avouër qu'elle étoit aussi niaise,
que cette autre qui croioit que les Suisses
mangeoient de l'herbe & du foin comme
les chevaux.

Mr.

Mr. le Païs pour être ingenieux & fpi-
rituel ne parle pas toûjours jufte non plus:
du moins n'a-t-il pas raifonné à mon gré
quand il a ofé dire: Si la Mort étoit ré-
foluë de ne m'attaquer jamais que quand
elle feroit poftée fur le vifage d'une Belle,
& de ne fe fervir point d'autres traits que
de ceux de fes yeux, ma foi je ne la crain-
drois guére & je me preparerois de bonne
heure à faire l'Epitaphe du dernier de tous
les hommes.

Il eft vrai que de tous ceux qui font
morts d'amour, on n'en a peut-être pas encore enterré un feul. Il eft conftant auffi,
qu'on en porte au cimetiére qui font moins
morts que les Amants qui ont paffé par l'é-
tamine des yeux. S'ils vivent, ils ne font
aucune fonction d'un homme vivant, ils
ne mangent ni ne boivent; ils paffent les
nuits entiéres fans dormir. Regardez un
Amant en face, vous lui verrez la mort
peinte fur le vifage, en un mot vous le
trouverez.

- - - - - - Plus defait & plus blême
Que n'eft un penitent fur la fin du carême.

Sa vie eft plus dure que la mort même;
c'eft une vie mourante; ou pour mieux
dire une mort vivante.

Je finis, Madame, par un paffage du
Marquis Santinelli, qui renferme le pré-
cis de tout ce que j'ai dit des yeux des
Bel-

Belles. Perſonne, à mon avis, n'en a donné une idée plus haute ni plus juſte que ce
galant homme.

Tiranni di mia vita, occhi lucenti,

Orioni amoroſi, Aſtri animati,

Chiari Fonti d'ardor, comete ardentì,

Arcieri amoroſi, Archi ſtellati,

Specchi dei rai del ſol, ſoli cocenti,

Oue il bendato Dio chiuſe i miei Fati,

Poli del mio ſen, Numi inclementi

Ochi belli, occhi crudi, occhi adorati.

Que dites vous, Madame, de ma maniére de faire des livres? On ne m'accuſe-
ra pas d'être un faiſeur de gros volumes ;
Mais peut-être me reprochera t-on d'être
un picoreur François & Italien.

J'avouë de bonne foi, que ſi chaque Auteur, me redemandoit ce que je lui ai volé & que je fuſſe obligé à la reſtitution,
ce qui eſt de mon eſtoc rempliroit un très-
petit eſpace.

Je puis alleguer pour ma juſtification
que la mode autoriſe cette fripperie d'écrits
& qu'on voit tous les jours déborder à
long-flots des Ouvrages habillez à l'Arle-
quine qui ne ſont compoſez que de pieces
rapportées. D'ailleurs je ſais que cette bi-
garrure de proſe & de vers ne vous deplaît

plaît pas toûjours, & ſi j'ai le bonheur de vous divertir un quart d'heure, que m'importe du *qu'en dira-t-on*. Ce n'eſt point l'approbation des Savans que je brigue.

FIN.

TOUT A SES JEUX DANS LA NATURE
L'ESPRIT MÊME A LES SIENS.

LE NEZ,

OUVRAGE CURIEUX,

GALANT

ET BADIN,

*Composé pour le divertissement d'une
certaine Dame de qualité.*

PAR J. P. N. du C. dit V.

A AMSTERDAM,

Chez JEAN PAULI.

MDCCXXXXVI.

A MONSIEUR

DE COLONNE,

CAPITAINE DE CAVALERIE
DU REGIMENT DE MON-
SEIGNEUR DE VEINE,
LIEUTENANT GENERAL
DE SA MAJESTE' PRUS-
SIENNE.

Monsieur,

Si jamais un Livre a eu besoin de paroître sous les auspices d'un bon Protecteur, c'est sans doute

A 2   *celui-*

*celui ci. La matiére que j'y trai-
te est sterile, amplifiée d'emprunt,
& égayée par-ci par-là de traits
gaillards qui vraisemblablement
ne plairont pas à tout le monde. Il
m'est d'abord venu dans l'esprit
de le dédier à un galant homme
qui m'honore de son amitié, mais
par malheur il a le nez petit &
marqué de la petite verolle. A-
près avoir un peu refléchi sur mon
dessein, j'ai pensé que ce seroit lui
faire tort que de lui offrir la satire
de son nez. J'ai jetté les yeux sur
d'autres qui avoient le nez mieux
tourné; mais du caractére dont ils
sont, ils m'auroient peut-être fait
un crime d'une simple galanterie.
J'avois autant a apprehender
pour mon nez de ceux-ci, que le*
pré-

EPITRE.

prémier en eût eu à craindre. Il
eſt malaiſé de trouver des gens à
l'eſprit & au nez deſquels rien ne
manque. C'eſt, à mon avis, un o-
pera que cela. Jugez par là, Monſieur, combien je me félicite d'a-
voir rencontré en vôtre perſonne
l'heureux alliage d'un beau nez
& d'un eſprit bien fait, & qu'il
me faſſe naître l'occaſion de vous
proteſter publiquement que je ſuis
avec beaucoup de paſſion,

MONSIEUR,

De H ** ce 1.
  Mars 1736.

Vôtre très-humble & très-
obeïſſant ſerviteur

J. P. N. du C. dit V.

A 3   A U

AU LECTEUR.

LA Dame par l'ordre de qui j'ai fait ce petit Ouvrage, ne m'a permis de le rendre public qu'à condition de mettre à la tête cette lettre de sa façon. Vous en devinerez aisément la raison. Je souhaite que vôtre sentiment me soit plus favorable que le sien.

Le tour que vous m'avez joüé, Monsieur, m'ôte l'envie de vous prescrire des matiéres bizarres. Vôtre Traité du Nez m'a fait suer une grosse demi heure. Madame de P. étoit chez moi lorsque je le reçus & je permis qu'on le lût en sa presence. Je comptois bien sur quelque chose de galant; mais non pas sur des galanteries si peu enveloppées. De l'air dont vous vous y êtes pris, je tremblai mille fois dans l'attente de quelques gros mots. Le dernier Chapitre sur tout auquel personne n'auroit jamais songé, me déconcerta tout-à-fait. Si vôtre Ouvrage vient à s'imprimer, vous allez ouvrir un beau champ à la Critique. Vos ennemis ne vous feront point de tort de dire que vous avez mis vôtre nez à un vilain endroit. Voila ce que c'est que de lire Scarron. S'il ne gâte pas le cœur du moins défigure-t-il l'esprit. Je vous en dirai d'avantage

tage à la premiére vuë, & vous n'avez
qu'à vous attendre à une belle mercuriale.
Je suis, &c.

Voici la réponse que j'y ai faite.

Vous vous gendarmez, Madame, de la
liberté que vous dites que j'ai prise de hazarder quelques traits trop badins dans mon
Traité du Nez. J'avouë q'il y a des endroits
tant soit peu outrez; mai si je n'avois pris
un tel tour, par où aurois-je pû faire valoir
mon sujet? Si vous aviez lû seule mon Ouvrage, je suis sûr qu'il vous auroit plus fait
rire que rougir. La présence de Madame de
P. m'a été fatale. Quand vous avez entendu quelque chose de galant, vous avez crû
que j'allois encherir là-dessus à l'infini.
Cette idée n'est pas encore effacée & vous
m'imputez les fautes que je pouvois com-
mettre aussi bien que celles que j'ai commi-
ses. Vous vous figurez, Madame, que le
dernier Chapitre sera reçu des Critiques
comme un chien dans un jeu de quilles. Je
les attens de pied ferme & je me fais fort
de leur prouver pour la gloire de vôtre sexe
que j'ai mis mon nez à un bel endroit. Je
suis, &c.

* 4   E P I-

EPICINIUM

Ad Virum Clariſſimum Doctiſſimum

J. P. N. du C. dit V.

Quum ſuas de Naſo lucubrationes in lucem ederet.

QUid cupidos renovat nervos Tua Muſa ? Che-
    lyſque
  Molliculo rurſus pollice docta crepat?
Quid loquor ? en volitant doctas Tua ſcripta per oras
  Aonidum, & multam flexivagamque manum
Cœrulei, naſi comites, teſtantur ocelli : *
  Solliciti teſtes ſydora frontis erunt.
Quid Tua, Parnaſſo, diverſa Poëmata, † grata
  Munera, & in numeros verba redacta leves?
Excipit hæc, patrio præſens idiomate ſcriptus,
  De cultu naſi deliciisque, liber.
Quid titulum rides lector ? dulceſque cachinnos
  Ingeminas ? nigrum volve revolve ſatis :
Invenies, credo, bene quæ ſunt digna notatu
  Quæque placent doctis : nec ſine jure quidem.

Tur-

* *Le Traité des Yeux.*
† *Les Poëſies diverſes de l'Auteur.*

Turgida congeries rerum, facundia compar,
Eſt Noſtro, felix ingeniique vigor.
Materiæ gravitas jubet hæc præſtantia naſſ
Expoſcit Clario præmia digna Deo.

H. H.

SONNET

Au Panegiriſte du NEZ.

DE par Apollon, je déclare
Que le docte Auteur au grand Nez,
En proſe, en vers des mieux tournez,
Offre au public un Livre rare.

Le titre en paroît fort bizarre :
Mais les Eſprits bien façonnez
Trouveront des Nez bien ornez
Dans cet Ouvrage anti-barbare.

Il y régale ſes Lecteurs
Des plus friands mets des neuf Muſes,
Et s'en fait des admirateurs.

Qui le diroit donc peu joli
Seroit la plus grande des buſes
Au jugement *d'Arcangeli.*

AU LECTEUR.

Au même.

TOn sujet est stérile, & tu l'enrichis bien,
   Que dire sur un Nez, ou sur une roupie ?
Il faut avoir l'esprit d'une force infinie,
Pour faire, comme Toi, quelque chose de rien.

PAR

J. N. BINNINGER.

Au même.

NE crains point d'être au rang des Ouvrages
      bernez.
V... je te répons du succès de ton livre :
Sans scrupule au public que ton esprit le livre :
    Qui dira qu'il n'a point de Nez ?

PAR

C. BINNINGER.

LE

LE NEZ.

CHAPITRE I.

De la beauté & de l'excellence du Nez de l'homme.

Ous m'avez pris au mot, Madame, & il n'y a pas moyen de m'en dédire. Je m'étois engagé de vous faire un Traité du Nez en cas que vous le vouluſſiez. Après l'ordre que je viens de recevoir de mettre la main à l'œuvre, je vois bien qu'il m'en faut paſſer par là.

Mais, mon Dieu! pourquoi m'y suis-je obligé? ou plutôt, quel malheur pour moi, que vous ne choiſiſſiez pas une matiére qui m'intereſſe d'avantage! Que ne vous êtes-vous aviſée de me demander un Livre dont le cœur fût le ſujet, au lieu du Nez?

A

Je

Je vous affûre que j'aurois travaillé de
genie, & que je me ferois aquité de ce
devoir avec autant de fuccès que de plaifir.

D'ailleurs, j'ai leu les plus belles chofes
du monde là-deffus. Je vous ferois auffi-
bien que le Sr. Guerin une anatomie cu-
rieufe de cette noble partie du corps humain. De là je pafferois à une anatomie
morale. Je vous prouverois que le cœur,
étant le Roi de tous les membres, eft
pour mieux régner fur eux, fitué au milieu du corps comme au centre & dans le
lieu le plus fûr, ne permettant pas qu'on
le touche ni qu'on le voye. Qu'il fe nomme cœur du mot latin *cura:* qu'il a deux
fonctions ; que la premiére eft d'être la
fource de la vie, en adminiftrant fans ceffe les efprits à chacune des autres parties:
mais que fon principal emploi eft d'aimer,
comme étant le principe de l'amour. Que
fa place eft au milieu, & que c'eft le pofte
naturel de l'amitié & de la raifon. Je ferois
le Philofophe d'importance ; j'ajoûterois
que fa forme eft en pointe vers la terre,
parce que ce n'eft point à elle qu'il veut
s'attacher, qu'il lui montre feulement la
pointe en figne de guerre, & qu'au contraire
il fe montre à plein vers le ciel, d'autant qu'il
en reçoit le bien dont il fe veut remplir.

Mais peut-être, Madame, que puisque
vous vous en êtes une fois prife à la tête
vous avez raifon de ne la pas quitter fi-
tôt; elle merite qu'on s'y arrête. C'eft le
Palais de l'ame & une figure vivante de
ces

ces globes céleftes qu'on croit être particuliérement la demeure de la Divinité.
Qui voudra voir l'ame, qu'il la cherche
dans les yeux; qui voudra l'entendre, qu'il
l'obferve à la bouche, & qui voudra lui
parler, qu'il fe tourne vers les oreilles.

L'on compte cinq fens, quatre fortes
d'humeurs, & trois puiffances qui fe re-
duifent tous à l'unité de la tête.

Quelle nobleffe, quels charmes n'a pas
le vifage feul! ,, Le vifage c'eft tout, *dit*
,, *Mr. le Chevalier d'Her à une Dame de fes*
,, *amies*, c'eft par le vifage qu'on eft bel-
,, le, c'eft lui qui eft caution pour tout ce
,, qui ne fe voit pas, & même fa beauté
,, fe répand fur tout ce qui fe voit; il me
,, femble qu'un beau bras n'eft point beau
,, s'il n'appartient à un beau vifage.

Tout eft myftére dans la tête de l'homme. Le front eft le ciel de l'efprit, tantôt couvert, tantôt ferein, felon les differentes paffions de l'ame. Les cheveux
qui femblent plutôt être pour l'ornement
que pour la néceffité, font les racines de
l'arbre humain: elles font en haut au contraire des plantes ; c'eft qu'elles doivent
tendre & fe fortifier vers le ciel. Ils fer-
vent de diftinction aux âges par leur couleur; ils en changent à mefure que l'homme vieillit.

Mr. Pagenftecher a fait un traité très
curieux de la barbe; mais, Madame, c'eft
un article qui ne concerne pas les perfonnes de vôtre fexe.

A 2

Re-

Revenons, s'il vous plaît, à nos moutons. Je fens à la vérité quelque repugnance à vous obéïr. Je la vaincrai pourtant aifément, Madame, fi vous vous trouvez difpofée à capituler avec moi, & que vous m'accordiez au moins les cinq conditions fuivantes.

I. Il me fera permis de folâtrer quand je voudrai fans que vôtre vertu s'en alarme & fans m'expofer à aucun reproche de vôtre part.

II. Je parlerai tantôt en profe tantôt en vers.

III. Je me parerai de quelques lambeaux de latin, quand je le trouverai bon, parce que vous le favez pour le moins auffi bien que moi.

IV. Je ferai en droit de piller les Auteurs depuis la tête jufqu'aux pieds.

V. Les plus courtes folies étant toûjours les meilleures, je ne ferai qu'un très petit volume.

Si tout étoit dans l'ordre, ces articles feroient foufcrits comme ceux de la capitulation de Temeswar.

Mais, Madame, comme je fais que vous n'êtes rien moins que Turque, vous ferez fans doute une perfonne d'accommodement. Vôtre efprit délicat quoique très-peu indulgent pour ce que vous faites, l'eft à l'excès pour les productions d'autrui. Pour vôtre vertu, quelque fiére qu'elle foit, elle n'eft point farouche, & elle ne criera point avant qu'on l'écorche.

Mr.

Mr. le Païs écrivant à une Dame des nouvelles d'une de ſes amies, commence par lui donner avis de l'état de tous les nez de la maiſon   „ Je vis avec elle, dit-
„ il, ſon cher Epoux qui a toûjours le
„ Nez pâle, Mr. de . . . qui l'a toûjours
„ rouge, Mr. l'Abbé qui l'a toûjours ba-
„ lafré, Candine qui l'a toûjours marqué
„ de verole, & la ſervante Margot qui l'a
„ toûjours puant & camard. J'y vis auſſi
„ la petite chienne Dorinde : mais com-
„ me pour lors elle dormoit ſur un car-
„ reau le nez dans un endroit où je ne
„ voudrois pas mettre le mien, je ne
„ vous puis pas dire comme elle l'a fait
„ preſentement." Le nez eſt comme a dit un Auteur, *ipſius decoris & pulchritudinis veluti modulator.* Si le viſage eſt la plus belle partie de nous mêmes, le nez fait tout l'agrément de cette partie. Oui ſans doute, Madame, c'eſt par le nez qu'une perſonne eſt belle ou laide : il aide tellement à former la proportion du viſage, que lui ſeul le gâte ou l'embellit.
„ J'admire, dit Mr. de Fontenelle, l'au-
„ torité qu'a un nez ſur tout un viſage,
„ dès qu'il eſt en mauvais état, il ne per-
„ met point que le reſte ſoit bien." Le corail des lévres, le feu des yeux & la vivacité du teint ne brillent & n'ont de la grace que quand ils ſont aſſortis d'un nez bien fait.

L'homme étant la plus parfaite de toutes les créatures, Dieu lui a donné un nez tout particulier; s'il n'a pas entiérement

refuſé ce bel ornement aux autres animaux, du moins ne le leur a-t-il pas donné ſi apparent.

L'Ecriture ſainte ſemble inſinuer que
cette partie du corps eſt la plus belle de
toutes. Comme dans l'élection des Sacri-
ficateurs on regardoit extrêmement à la
beauté, la Loi n'excluoit pas ſeulement
du miniſtére de l'Autel ceux qui n'avoient
point de nez, mais même ceux qui l'a-
voient trop grand, trop petit, ou de
travers.

Mademoiſelle Bourignon croit que dans
l'état d'innocence l'homme & la femme
avoient encore chacun un nez au lieu des
parties qui leur ſervent preſentement à
produire leurs ſemblables. Sur ce pied
là, ſi *Agnès* eût demandé à *Arnolphe* ſi les
enfans ſe faiſoient par le nez, ils n'auroient pas eu lieu de nommer cela une
ſimplicité à nulle autre pareille.

Quoiqu'il en ſoit, c'eſt une vérité qu'un
des principaux talents du nez eſt de donner un air de beauté. Mr. Scarron le ſavoit. Dans les imprécations qu'il fait
contre celui qui lui avoit pris ſon Juvenal, il ſouhaite qu'on le condamne aux
galéres, qu'il ſoit cocu, qu'il rotte à chaque parole, qu'il ait ſué la verolle & qu'il
n'en ſoit pas bien gueri,

> Qu'il derobe un jour quelque montre
> Laquelle ſe mette à ſonner,
> Et qu'on l'en daigne bâtonner,

Qu'on

Qu'on lui mette fur les épaules
Les armes du grand Roi des Gaules.

Il ajoûte encore une infinité de pareilles
chofes, & il met à la tête de tout cela:

Il eft bien lâche le larron
De voler le pauvre Scarron:
Eût-il au bout du nez un froncle
Et que dira Monfieur mon Oncle
A qui le livre appartenoit?

Ce n'eft pas fans raifon que les Egyptiens
coupoient le nez aux femmes adultéres:
Ils les puniffoient par l'endroit qui les a-
voit rendu charmantes & qui étoit la
caufe du crime de ces femmes & de celui de leurs Amants.

Un homme eft bien plus defiguré quand
on lui coupe le nez, que fi on le pri-
voit d'un autre membre. Le nez eft u-
nique, & les autres membres font doubles pour la plupart. Nous avons deux
yeux, deux oreilles, deux lévres, deux
mains, deux pieds, & nous n'avons qu'un
feul nez.

Je ne faurois m'empêcher de plaindre
ici le trifte fort de M. de Renneville à
qui on a fait perdre le nez de la maniére du monde la plus cruelle. Jamais nez
n'a plus fouffert que celui de ce pauvre
Gentilhomme. J'ai été, dit-il lui-même,
pendant trente neuf jours dans le cachot

de la Tour du coin, & treize jours dans celui de la Tour de la liberté, sans paille, couché sur le limon & la bave des crapaux, sans voir d'autre lumière que celle d'un flambeau de poix raisine, que la France Porte-clefs avoit la malice de venir mettre sous mon nez parce qu'il voyoit que la fumée m'étoit insuportable, dans un lieu où je n'avois aucun air, & dans lequel on avoit crevé les retraits dont l'ordure & la puanteur m'ont mis au pitoyable état où je suis; car ce fut là que je perdis mes dents que j'avois très-saines, & d'où je suis sorti ayant la tête enflée & molle, les yeux presque hors de la tête, le nez gros comme un moyen concombre, & la peau percée en plusieurs endroits. *

Il dit dans un autre endroit qu'après être sorti de ce lieu funeste, il avoit porté pendant plus de deux ans une emplâtre sur l'œil droit & une autre sur le nez dont une partie est tombée.

Virgile parlant de Deïphobe au sixiéme Livre de l'Eneïde, fait bien voir qu'il avoit une haute idée du nez.

Atque hic Priamidem laniatum corpore toto
Deiphobum vidit lacerum crudeliter ora :
Ora, manusque ambas, populataque tempora raptis
Auribus & truncas inhonesto vulnere nares.
Vix adeo agnovit pavitantem & dira tegentem

Sup-

* Voyez la Pref. de l'Histoire de la Bastille.

Supplicia, & notis compellat vocibus ultro:
Deiphobe armipotens &c.

Il ne donne qu'à la bleſſure du nez l'é-
pithete d'*inhoneſtus*, il ne la donne ni
aux mains, ni aux oreilles ni même à
la bouche.

Les deux plus fameux Traducteurs de
ce Poëte ne ſachant exprimer la force
de l'original, ſe ſont contentez d'offrir
aux yeux la bleſſure du nez avant celles
des autres parties.

Mr. Scarron s'y eſt pris de cette maniére.

Puis il rencontra Deïphobe

Au lieu d'habit, ſoûtane, ou robe,

N'ayant qu'un méchant caleçon,

Il avoit méchante façon,

Ses nazeaux montroient ſa cervelle,

Et ſa tête qu'il eut fort belle,

Etoit lors comme un gros oignon,

Chaque bras n'étoit qu'un moignon,

Et ſes temples de ſang ſouillées,

D'oreilles étoient dépouillées :

Auſſi-tôt qu'il eut diſcerné

Ce Prince ſi mal attourné

Et qui lui montroit les poſtéres

Afin de cacher ſes miſéres

Mon cher Deïphobe &c.

A 5

Voici

Voici la Traduction de ce bel endroit par Mr. de Segrais.

> Deïphobe meurtri de cent coups inhumains,
> Se presente sans nez, sans oreilles sans mains;
> Son corps tout dechiré, son visage effroyable,
> Montroit du Grec vainqueur la rage impitoïa-
>   ble :
> Il redoutoit le jour, & tremblant & honteux;
> Cachoit de son trépas le spectacle hideux.

Ainsi on n'a pas lieu de s'étonner que selon les jurisconsultes la turpitude d'un nez coupé mette en droit de rompre des fiançailles, le fiancé & la fiancée les eussent-ils confirmées par serment.

Le nez n'a pas moins d'utilité que d'agrément. Il sert de separation & de rempart aux yeux; c'est l'égout des superfluitez de la tête ; il ne donne pas seulement de la grace & de la netteté à la voix, il lui donne encore de l'autorité. Le Sieur la Rancune, le plus habile Comedien du Roman Comique de Mr. Scarron tient que le ton de nasilleur est un ton d'Ambassadeur. J'ai joüé une piéce moi seul, dit cet incomparable Acteur, & ai fait en même tems le Roi, la Reine & l'Ambassadeur : je parlois en fausset, quand je faisois la Reine, je parlois du nez pour l'Ambassadeur, & me tournois vers ma couronne que je posois sur une chaise; & pour le Roi, je reprenois mon
siége,

fiége, ma couronne & ma gravité en groffiffant un peu ma voix.

Le nez eft à l'ame ce que les chifres font à une montre, il marque le temperament; quand il eft de la figure de celui du lion, il dénote la valeur ; quand il eft aquilin, la générofité; quand il eft long, la benignité; quand il eft pointu, la fageffe, & quand il eft large la bêtife.

On juge par le nez d'un homme auffi bien que par la bouche d'une femme, de chofes très-importantes à favoir aux Amants.

Nofcitur ex labiis quantum fit virginis . . .

Nofcitur ex nafo quanta fit . . . viro.

Je n'étois encore que petit écolier que je favois déja tout cela.

Le nez parmi les Romains fe prenoit pour l'art de fatirifer finement les vices. Martial a dit:

Non cuicunque datum eft habere nafum.

Le nez quand on rit fait de differentes figures affez droles, & ce n'eft pas fans raifon que les Romains lui ont attribué la raillerie. Pline voulant dire que Lucilius a été le premier Auteur de la Satire, emploie ces termes :

Lucilius primus condidit ftili nafum.

Mar-

Martial se déchaînant contre un Satirique, debute de cette maniére.

Nasutus sis usque licet, sis denique nasus.

C'est-à-dire fusses-tu la Satire même.

Je n'aurois jamais fait, si je me mettois à vouloir épuiser tout ce qu'on a dit du nez. Crainte de vous ennuyer par la longueur de mon discours, je n'ajoûterai plus pour le coup qu'une Enigme qu'on a faite sur ce chef d'œuvre de la Nature. J'avoue que l'expreſſion n'y répond pas à la dignité du sujet. Mais les penſées du Poëte sont aſſez justes quoi que la verſification soit un peu contrainte.

SONNET.

DE tous les ornements de l'humaine ſtructure,
Plus aiſément que moi qu'est-ce que l'on peut voir?
Entre deux clairs flambeaux m'a placé la Nature
Panchant sur un abîme où je ne saurois choir.

Une perle liquide est toute ma parure,
Encore est-ce l'hiver qui me la fait aſſoir.
A la face des Rois je vuide mon ordure,
Et je me fais servir la faisant recevoir.

Or

On dit que j'ai cent pieds; mais c'eſt quand on
    ſe mocque,
Une mauvaiſe haleine & me fâche & me choque
Auſſi ſans vanité je deſcens de haut lieu.

Je tiens ma gravité ferme comme un Apôtre,
Et ſans plus me tourner d'un côté que d'un autre,
Ainſi que la vertu je demeure au milieu.

CHAPITRE II.

De l'odorat & des odeurs.

L'Odorat eſt une eſpèce particuliére de
ſentiment, qui reſulte en nous de
l'impreſſion que certains corps font ſur le
fond de nôtre nez. Chacun comprend
par ſa propre experience ce que c'eſt que
l'odorat; mais il eſt impoſſible de décrire
ou de faire concevoir à un autre ce qu'on
en connoît. Les Ariſtoteliciens ont beau
dire que l'odeur naît du mêlange du chaud,
du froid, du ſec & de l'humide, en ſorte pourtant que la chaleur & la ſechereſſe
y prédominent. Je n'en crois rien, & ſi
ce mêlange devenoit odeur, comme il ſe
fait ſentir par l'attouchement, il devroit
exciter en tous les endroits qui lui ſervent
d'or-

d'organe, une senfation qui lui fût femblable; ainfi nous devrions flairer par la
main auffi bien que par le nez. Crainte
d'échouer comme eux à une définition
dans les formes de ce merveilleux fens,
plantons-la là, auffi-bien n'en avons nous
pas fort befoin.

On croit que l'Odorat n'eft pas fi néceffaire que les autres fens & qu'il eft plus
pour le plaifir que pour l'utilité. Cependant Gracian l'appelle le fens de la delica-
teffe & de la pénétration, & c'eft pour
cela que les narines croiffent toute la vie.
Il fait partie de la refpiration qui lui eft fi
néceffaire : il diftingue la bonne odeur
d'avec la mauvaife. L'Odorat eft le gui-
de du goût ; il l'avertit de la bonté des
viandes & fait l'effai de celles qu'on doit
manger.

Cardan met dans un beau jour la nobleffe & la néceffité de l'Odorat, quand il dit:
,, Le propre de l'odeur eft de donner des
,, forces ou de les abattre, par l'endroit
,, qu'elle a l'avantage d'aller directement
,, au cerveau : le fon, la couleur, la fa-
,, veur, le chaud, le froid n'ont pas ce
,, privilège là. Il n'y a que l'odeur entre
,, toutes les chofes qui fe font fentir qui
,, puiffe tuer ou donner de la vigueur. La
,, refpiration où l'on voit éclatter le plus
,, fenfiblement les fonctions de l'ame, fe
,, nourit par la bonne odeur & eft détrui-
,, te par la mauvaife. On brûle de l'en-
,, cens devant les Dieux parce que la par-
,, tie

„ tie divine de l'homme aime à joüir
„ des odeurs. On croit même que quand
„ on fent une bonne odeur, dont il n'y
„ a point de caufe, c'eft une marque de
„ la prefence de quelque Divinité.

Les Medecins affûrent unanimement que
les fenteurs raniment les forces des membres. Tout le monde fait qu'il n'y a d'ordinaire qu'elles qui faffent revenir ceux
qui tombent en defaillance.

On dit de Democrite que l'odeur du
pain chaud lui conferva trois jours la vie,
& un certain Oribafius conte qu'un autre
vêçut quarante jours fans nul autre fecours
que celui de l'odeur du miel.

Ce que je viens de vous dire Madame, me fait fouvenir d'une hiftoriette
de vieille date, qui peut-être ne vous
déplaira pas fi vous ne l'avez pas encore lûë ou entenduë.

Un Pauvre paffant devant la maifon
d'un Rôtifleur, s'arrêta pour y manger
fes bribes à l'odeur du rôti: Le Rôtif-
feur s'en appercevant, voulut obliger le
Gueux à lui payer l'odeur de fes viandes. Un fou fe prefenta pour terminer
leur different, & il ordonna que le Rôtifleur fût payé par le fon d'une piéce
d'argent. Tous les Docteurs font d'accord que ni Caton, ni Gracian n'auroient fû rendre un arrêt plus équitable
que celui-là. Je ne fuis pas de leur a-
vis: l'odeur vaut incomparablement mieux
que le fon.

L'O-

L'Odorat eſt ſi excellent qu'il peut juger de bien des choſes où tous les autres ſens enſemble perdent leur latin;
par exemple ſi une incendie a été ca-
ſuelle ou cauſée par la foudre, il n'y a
que l'Odorat qui puiſſe ſentir le ſouffre.

Mr. Moliére ſemble lui attribuer de
l'eſprit & du diſcernement, quand il fait
dire à Maſcarille, *attachez un peu ſur ces*
gans la réflexion de vôtre odorat.

Voici, ſelon Mr. Scarron, un compliment bien ſérieux qu'Enée fit à Venus
lorſqu'il la rencontra dans un bois, ſans
ſavoir qui elle étoit.

> Vous ſentez la Dame Divine,
> J'en jurerois ſur vôtre mine,
> Mon nez ne ſe trompe jamais
> En ce qui ſent bon ou mauvais,
> Vôtre gouſſet & vôtre haleine
> Ne furent jamais d'Africaine.

Ce n'eſt que pour ſatisfaire l'Odorat
qu'on cultive une infinité de belles fleurs,
& qu'on en trafique comme des Marchan-
diſes les plus prétieuſes. Un fameux Hiſ-
torien rapporte qu'une ſeule fleur a été
venduë quatre mille francs en Hollande.
Elle l'auroit bien été davantage, ſi nous
avions auſſi bon nez que certains animaux.

Seroit-il bien vrai, Madame, ce qu'on
dit des Abeilles? Les Naturaliſtes aſſûrent
qu'el-

qu'elles ont l'Odorat si fin qu'elles connoî-
tront à point nommé une fille qui aura
laissé aller le chat au fromage , fût-elle
entre dix mille pucelles ; que ces innocentes bestioles la piqueront, la poursui-
vront & lui feront une guerre cruelle, sans
s'en prendre aux autres.

Il est constant qu'elles ont l'odorat extrémement délicat & qu'on défend à ceux
qui ont soin des moûches à miel d'avoir
commerce avec les femmes , de manger
de l'oignon & de l'ail , & de s'enyvrer la
veille du jour qu'ils doivent faire la visite
des rûches. Pour moi je crois que l'ail,
l'oignon & l'excès du vin font trois choses dont on devroit s'abstenir en tout
tems.

La bonne odeur est si recommandable,
qu'un célèbre Auteur en fait une partie
essentielle de la propreté & sur tout de
celle d'un Amant galant & poli.

A-t-on quelque défaut, on fait tout son possible,
Lors que l'on fait l'amour pour le rendre invisible ,
Mais est-on marié, l'on ne se contraint plus,
Et tous ces petits soins passent pour des abus.
On devient négligé dès la premiére année ,
C'est une belle fleur qui s'est bien-tôt fanée.
Tous ces ajustemens ne faisoient pas un pli,
Et rendoient en un mot un galant accompli :
Il ne lavoit ses mains qu'avecque de l'eau d'An-
    ge ,

Sa perruque & ſes gans n'étoient que fleur d'O-
   range ,
Et celui qui n'étoit que civette & qu'Iris
Sent maintenant le bouc au lieu de l'ambre-gris.

La mauvaiſe odeur n'eſt pas ſeulement
contre la propreté & la bienſéance, elle
ouvre encore aux hommes une infinité de
portes à la mort. La peſte & toutes les
maladies contagieuſes ſe communiquent
par l'odorat.

Un petit lumignon fumant, nuit aux
femmes groſſes & eſt capable de leur faire faire une fauſſe couche. Pline prend
de la occaſion de déplorer très patheti-
quement la fragilité de la vie humaine. *
Sur ce pied là que ne peut pas cauſer
cette puanteur empeſtée des ruës qui empoiſonne juſqu'à l'ame. On devroit bien
régler un tel déréglement. J'en ſuis ſi ennemi, que ſi on nous donnoit un bon
Commiſſaire des ruës, je le conſidererois
autant qu'un grand Miniſtre d'Etat.

II

* *Miſeret atque etiam pudet æſtimantem , quam
ſit frivola animalum ſuperbiſſimi origo , cum ple-
rumque abortus cauſa ſit odor à lucernarum extinc-
tu. His principiis naſcuntur Tyranni , his carni-
fex animus Tu qui corporis fidis viribus, tu qui
fortuna munera amplexaris, & te ne alumnum quidem ejus exiſtimas ſed partum : tu cujus ſemper in
victoria eſt mens ; tu qui te Deum credis , aliquo
ſucceſſu tumens , tanti perire potuiſti,* **Plin. Lib. 7.
C. 7. Hiſt. Nat.**

Il y en a une autre qui ne m'eſt pas
moins contraire. J'ai honte de l'appeller
par ſon nom ; c'eſt l'ame des deux Enigmes qui ſuivent.

Je ſuis un inviſible corps
Qui de bas lieu ſon être tire,
Et perſonne à peine oſe dire
Ni qui je ſuis, ni d'où je ſors.

Je parle & me tais à la fois
Et bien ſouvent lors qu'on me preſſe,
Je deviens femelle traîtreſſe
De hardi mâle que j'étois.

J'ignore l'art de diſcourir
Et je me fais très-bien entendre,
Le même moment qui m'engendre
Me fait naître, vivre & mourir.

Aucun œil ne me vit jamais,
Je ſuis plus fragile qu'un verre,
Mon bruit imite le tonnerre,
Et je ſuis le bruit que je fais.

Par moi l'un des ſens eſt touché
D'une trés-maligne influence,
Et l'on rougit de ma naiſſance
Comme on rougiroit d'un péché,

Homére eut sept villes pour soi
Dont chacune se disoit Mére,
Mais ce qui se fit pour Homére
Ne se fera jamais pour moi.

Mesdames, dont l'esprit charmant
De m'expliquer ose entreprendre,
Gardez-vous bien de vous méprendre
Et de me faire en me nommant.

A U T R E.

Je meurs au même instant que je commence à
    naître,
Je vis toûjours coupable & ma mort seulement
Me peut justifier du mauvais sentiment
Que j'ai donné de moi dès le point de mon Etre.

J'offense quand je parle & quand on me fait taire;
Je suis plus dangereux quand je deviens plus
    doux.
Je nais avec éclat au sentiment de tous,
Cependant ma naissance est honteuse à mon Pere.

Avecque les petits je gronde & parle en Maître,
Mais avecque les Grands je suis plein de respect.
Plus je me veux cacher, plus je deviens suspect,
Et souvent sans parler je me fais bien connoître.

Quand

Quand pour être inconnu parfois je me déguife,
Le plus hardi me craint & n'ofe m'approcher,
Mais on me fuit à tort, étant mauvais archer,
Car je fais que jamais je ne frappe où je vife.

Vous favez, Madame, que l'urine pro-
duifoit de l'argent à Vefpafien * & c'eft à
l'ame puante de ces Enigmes, que nous
fommes redevables du Tabac en poudre.
On ne s'en eft d'abord fervi que comme
d'un antidote contre les dangereufes ex-
halaifons, mais par la fuite du tems on a
reconu qu'il avoit une infinité d'autres
belles propriétez.

Quoi qu'en dife Ariftote & fa digne cabale
Le Tabac eft divin, il n'eft rien qui l'égale;
Et par les faineants pour fuir l'oifiveté
Jamais amufement ne fut mieux inventé
Ne fauroit-on que faire? on prend la Tabatière,
Soudain à gauche, à droit, par devant, par der-
    riére,
Gens de toute façon, connus ou non connus,
Pour y demander part font les très-bien venus.
Mais c'eft peu qu'à donner inftruifant la jeuneffe,

Le

* *Vefpafianus Imp. filio Tito reprehendenti quod
etiam urinæ vectigal commentus effet, pecuniam ex
prima penfione admovit ad nares, fcifcitans num
odore offenderetur? illo negante; Atqui, inquit e
lotio eft. Suct. in Vit. Vefpaf.*

B 3

Le Tabac l'accoûtume à faire ainſi largeſſe,
C'eſt dans la Medecine un reméde nouveau,
Il purge, réjoüit, conforte le cerveau;
De toute noire humeur promptement le delivre,
Et qui vit ſans Tabac n'eſt pas digne de vivre.

Une Dame qui condamnoit le Tabac eſt heureuſement revenue de cette erreur a-près la lecture de ces vers.

Non, je ne ſaurois m'y reſoudre,
Et c'eſt vainement m'exhorter,
Iris, je ne puis plus quitter
Le Tabac que je prends en poudre.
Long-tems d'un eſprit obſtiné
Comme vous je l'ai condamné;
Mais dans les vertus qu'il poſſède
Mes maux ont trouvé du ſecours,
C'eſt mon plaiſir, c'eſt mon remède,
Ai je tort de l'aimer toûjours.

Tous les jours vous blâmez la France
D'avoir pris ce goût odieux,
Mais ſachez qu'il régne en tous lieux,
Et tirez cette conſéquence:
Si le Tabac de l'Univers
Satisfait tant de gens divers,

Si l'Espagne, si l'Angleterre
Y trouvent de si doux appas,
S'il charme enfin toute la Terre,
Tant de gens ne se trompent pas.

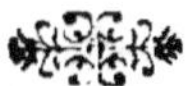

Il plaît en mer comme à la ville,
Que feroit-on sur un tillac,
Si l'on y manquoit de Tabac?
Que peut on voir de plus utile?
Tous les soldats, tous les oisifs,
Tous les tristes spéculatifs
Mouroient dans leur mélancolie,
S'ils n'avoient point cet entretien:
Quand ce seroit une folie,
La sagesse fait moins de bien.

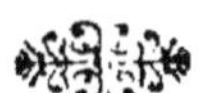

Je ne puis souffrir qu'on m'en gronde,
Accommodez-vous avec lui;
Ce n'est plus un vice aujourd'hui,
Ou c'est celui de tout le monde:
Chacun en prend publiquement,
On en presente également;
On porte en main la Tabatiére,
Vous en voyez d'agathe & d'or,
On prend la plus riche matiére
Pour loger un si grand trésor.

B 4

Dans vôtre colére éloquente,
C'eſt ſon odeur que vous blâmez,
Et la ſentant vous vous pâmez :
Elle eſt pour vous trop violente.
Mais de bonne foi les parfums
Ne vous ſont pas tous importuns.
Si vous trouvez l'œillet aimable,
Le jaſmin, ou quelque autre fleur,
Le Tabac d'eſprit ſociable
Pour vous plaire en prendra l'odeur.

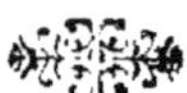

Quoique d'abord il ſemble rude
Il ne vous doit pas rebuter,
On ne le peut jamais quitter
Pour peu qu'on en faſſe habitude,
C'eſt un ſi doux enchantement,
Qu'il plaît juſques au monument ;
Et de là nous devons conclure,
Qu'il nous fait un bien ſans égal :
Il faut croire que la nature
Le haïſoit s'il faiſoit mal.

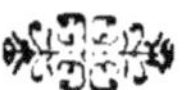

Dans la triſteſſe il nous dégage,
Et nous rend un eſprit nouveau :
Des maux qui viennent du cerveau,
Il nous guérit, il nous ſoulage.

Par

Par son piquant chatouillement,
Il excite à l'éternûment,
Chacun nous dit Dieu vous benisse
Toûjours d'un ton civil & doux.
Et vous maudissez comme un vice
Ce qui nous fait benir de tous ?

Comme on rafine toûjours sur les belles choses on y attache un exercice qui s'apprend de la même sorte que celui du mousquet & de la pique : il renferme les quatorze articles suivans.

Prenez la Tabatiére de la main droite.
Passez la Tabatiere dans la main gauche.
Frappez sur la Tabatiére.
Ouvrez la Tabatiére.
Presentez la Tabatiére à la Compagnie.
Retirez à vous la Tabatiére.
Tenez toûjours la Tabatiére ouverte.
Rassemblez le Tabac dans la Tabatiére en frappant la Tabatiere à côté.
Pincez le Tabac proprement de la main droite.
Tenez quelque tems le Tabac dans les doigts avant que de le porter au nez.
Portez le Tabac au nez.
Reniflez avec justesse des deux narines & sans grimace.
Eternuez, toussez, crachez.
Fermez la Tabatiere.

CHAPITRE III.

Du Grand Nez.

LA tête fournissoit bien des surnoms aux Romains. On trouvoit parmi eux des *Capitones*, des *Labeones*, des *Mentones*, & des *Nasones*.

Le charmant & ingenieux Ovide a extrêmement relevé l'éclat des grands nez par son surnom de *Naso*. Scipion portoit celui de *Nasica*, qui marque un nez pointu & serré, & qui est opposé au surnom de *Nævius* qui signifioit un homme à nez épaté, ou à pied de marmite.

Un grand nez sied bien pourvû que les autres parties du visage y répondent & forment une juste simetrie. Mr. le Païs avoit un de ces beaux gros nez significatifs & parfaitement bien assortis. Dans la lettre qu'il adresse à Madame la Duchesse de Nemours, où il fait son portrait, venant sur le chapitre de son nez, il dit: si mon nez étoit sur un autre visage que le mien, il pouroit passer pour un maître nez. Mais on dit qu'il est bien placé au milieu de mes deux grosses joües & qu'il y préside en nez de bonne mine. Au reste.

Il faut que ce foit un beau nez,
Et qu'aux yeux des camards il foit des mieux
    tournez;
Car j'en ai vû vingt en ma vie,
Ou trente, fi je compte bien,
Qui témoignoient avoir envie
De changer leur nez pour le mien.

Je ne parle point de ces nez monftrueux
& ridicules que Mr. Scarron appelle nez
à camouflet.

Lironte vrai Normand en avoit un bâti
de cet air. Il fit un jour un mauvais procès à Vorcate fur ce qu'il l'avoit raillé de
fon grand nez. Vorcate lui envoya ces
vers en ftile de Marot, dans le tems que
le procès étoit encore fur le bureau.

Certain Normand entreprit une affaire;
Il fe croyoit en fon honneur flêtri,
Plus d'un gaillard de fon nez avoit ri,
Hé, qui pourroit s'empêcher de le faire?
Adonc il prit la chofe au criminel,
Va s'informer de tel & puis d'un tel,
De fes moqueurs faits & dits il entaffe,
De tout cela vous fait une liaffe,
Et de ce pas il court chez fes amis :
Je viens, dit-il, pour prendre vos avis.
A mon grand nez on a fait maint outrage
L'un dit qu'il faut l'abaiffer d'un étage,
L'autre qu'il eft à malice tourné;

Som-

Somme, qu'enfin tant suis importuné,
Que point ne puis l'exprimer de parole
Il dit ; chacun à l'envi le console ;
Ce fut en vain, le drole veut plaider ;
Bien mieux vaudroit dit l'un s'accommoder
Que s'engager en telle plaiderie.
S'accommoder ! c'est pure mocquerie,
Point ne ferai. Vit-on jamais Normand
Finir procès par accommodement ?
Les pousserai de maniére si vive,
Qu'aurai contre eux sentence décisive.
Cas avenant que vous ne l'ayez pas,
Que produira, dit l'autre, un tel fracas ?
A vôtre nez vos Juges verrez rire,
Et vos moqueurs par nuls riens retenus,
Diront tout haut, sans qu'osiez contredire,
De tels débats qu'êtes sorti camus :
Camus, dit-il, c'est ce que plus souhaite,
Chemin m'ouvrez d'éviter maint brocard,
Si de ce plaid je dois sortir camard,
Je plaide amis , c'est une affaire faite.

Un amant à grand nez qui faisoit mentir
le proverbe latin *bene Nasati, bene Vasati,*
fut accommodé de toutes pièces dans ce
couplet de Chanson, par la Belle à qui il
adressoit ses vœux.

Vous avez, Monsieur mon Galant,
     Le nez fort grand,
Vous feriez un grand Conquerant

Si tout le refte
La male-pefte ,
L'étoit autant.

Erafme turlupine, affez plaifamment un
homme à nez énorme.   Il lui dit : Il
pourra fervir de cornet pour éteindre vôtre chandelle , car notez , Madame ,
qu'on n'a pas toûjours eu des mouchettes
comme nous en avons.   Si vous avez à
aveindre quelque chofe d'un coffre profond , ce grand nez vous fera auffi commode pour cela que la trompe à un Ele-
phant : fi vos mains font embaraffées,
vous y pourrez pendre ce que vous voudrez comme à un clou : S'il vous faut
foufler vôtre feu , il vous vaudra un fou-
flet : en étudiant à la chandelle fon ombre
vous empêchera de vous gâter les yeux :
dans un combat naval il vous fera le même ufage qu'un croc pour accrocher les
Vaiffeaux ennemis , & quand vous com-
battez fur terre vous n'aurez pas befoin
de bouclier.   Si vous fendez du bois, il
ne tiendra qu'à vous de l'employer à la
place d'un coin.   Vous vous en fervirez
aifément en guife de trompette, fi vous
faites un jour les fonctions de Heraut, ou
à la guerre pour fonner l'allarme.   Si vous
êtes obligé de foüir la terre, ce nez fournira un hoïau.   S'il s'agit de faucher, il
vous fournira une faux : fi vous vous mê-
lez d'aller fur mer, il vous fournira une
ancre : fi vous péchez, il vous fervira
d'hameçon.   Mais,

Mais, Madame, quand on raille ainſi des nez malfaits, il faut que celui du railleur ne donne point de priſe à la raillerie.

Un homme de qualité qui avoit le nez fort court, raillant un ſoldat qui l'avoit fort long: mortbleu, lui dit ce ſoldat, pourquoi en voulez-vous tant à mon nez, Monſieur? Eſt-ce que vous croyez qu'il ait été fait aux dépens du votre?

Mr. Baraton a trouvé cette penſée jolie & l'a miſe en vers de cette ſorte.

> Parce que j'ai le nez grand,
> Diſoit plaiſamment Licine,
> Certain camard petulant
> Sans ceſſe me turlupine,
> Son nez ſi court le chagrine,
> Ne croit-il point que le mien
> Soit fait aux dépens du ſien?

Si c'eſt aſſez d'avoir le nez trop grand pour être l'objet de la ſatire, perſonne à mon gré, n'a jamais mieux mérité d'être ſatiriſé que la Bucheronne qui jouë un ſi plaiſant rôle dans le Conte du boudin dont Mr. Perraut nous a regalez. Peut-être ne l'avez vous pas encore vû. Je le vais mettre ici tout du long. Il eſt adreſ-ſé à Mademoiſelle de la C. . .

Si vous étiez moins raisonnable,
Je me garderois bien de venir vous conter
La folie & peu galante fable,
Que je m'en vais vous débiter.
Une aune de boudin en fournit la matiére,
Une aune de boudin, ma chére :
Quelle pitié! c'est une horreur,
S'écrieroit une Prétieuse,
Qui toûjours tendre & sérieuse,
Ne veut ouïr parler que d'affaires de cœur.

Mais vous qui mieux qu'autre qui vive,
Savez charmer en racontant,
Et dont l'expression est toûjours si naïve,
Que l'on croit voir ce qu'on entend,
Qui savez que c'est la maniére,
Dont quelque chose est inventé,
Qui beaucoup plus que la matiére
De tout recit fait la beauté,
Vous aimerez ma Fable & sa moralité;
J'en ai, j'ose le dire, une assurance entiére.

Il étoit une fois un pauvre Bûcheron,
Qui las de sa pénible vie,
Avoit, disoit-il, grande envie
De s'aller reposer aux bords de l'Acheron,

Re-

Reprefentant dans fa douleur profonde,
  Que depuis qu'il étoit au monde
  Le Ciel cruel n'avoit jamais
  Voulu remplir un feul de fes fouhaits.

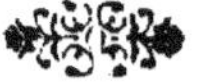

Un jour que dans le bois il fe mit à fe plaindre,
A lui la foudre en main Jupiter s'apparut.
  On auroit peine à bien dépeindre
  La peur que le bon homme en eut.
Je ne veux rien, dit-il, en fe jettant par terre,
  Point de fouhaits, point de tonnerre,
  Seigneur, demeurons but à but.
  Ceffe d'avoir aucune crainte,
Je viens, dit Jupiter, touché de ta complainte,
  Te faire voir le tort que tu me fais.
Ecoute donc, je te promets,
Moi, qui du monde entier fuis le fouverain Maître
D'exaucer pleinement les trois premiers fouhaits
Que tu voudras former fur quoi que ce puiffe être.
  Voi ce qui peut te rendre heureux,
  Voi ce qui peut te fatisfaire,
Et comme ton bonheur dépend tout de tes vœux,
  Songes y bien avant que de les faire.

A ces mots Jupiter dans les Cieux remonta,
Et le gai Bûcheron embraffant fa falourde,
Pour retourner chez lui fur fon dos la jetta.
Cette charge jamais ne lui parut moins lourde,

Il

Il ne faut pas, difoit il en trotant,
De tout ceci rien faire à la légére.
Il faut, le cas eft important,
En prendre avis de nôtre Ménagére.
Ça, dit-il en entrant fous fon toit de fougére,
Faifons, Fanchon, grand feu, grand' chére,
Nous fommes riches deformais,
Et nous n'avons qu'à faire des fouhaits.
Là deffus fort au long tout le fait il lui conte.
A ce recit l'Epoufe vive & prompte,
Forma dans fon efprit mille vaftes projets,
Mais confidérant l'importance
De s'y conduire avec prudence,
Blaife, mon cher Ami, dit-elle à fon Epoux,
Ne gâtons rien par nôtre impatience,
Examinons bien entre nous
Ce qu'il faut faire en pareille occurrence.
Remettons à demain nôtre premier fouhait,
Et confultons nôtre chevet.
Je l'entens bien ainfi, dit le bon homme Blaife,

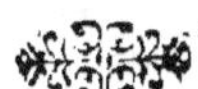

Mais va tirer du vin derriére ces fagots.
A fon retour il but, & goûtant à fon aife
Près d'un grand feu la douceur du repos,
Il dit en s'appuyant fur le dos de fa chaife,
Pendant que nous avons une fi bonne braife,
Une aune de boudin viendroit bien à propos.
A peine acheva-t-il de prononcer ces mots,
Que fa femme, apperçut grandement étonnée,
C   Un

Un boudin fort long, qui partant
D'un des coins de la cheminée,
S'approchoit d'elle en ferpentant.
Elle fit un cri dans l'inftant;
Mais jugeant que cette avanture
Avoit pour caufe le fouhait
Que par bêtife toute pure
Son homme imprudent avoit fait,
Il n'eft point de pouille, d'injure,
Que de dépit & de couroux
Elle ne dit à fon Epoux.

Quand on peut, difoit-elle, obtenir un Empire,
    De l'or, des perles, des rubis,
    Des Diamants, de beaux habits,
Eft-ce alors du boudin qu'il faut que l'on defire?
Et bien, j'ai tort, dit-il, j'ai mal placé mon choix.
    J'ai commis une faute énorme,
    Je ferai mieux une autre fois.
Bon, bon, dit-elle, attendez moi fous l'orme.
Pour faire un tel fouhait, il faut bien être bœuf.
L'Epoux plus d'une fois emporté de colére,
Penfa faire tout bas le fouhait d'être veuf,
Et peut être, entre nous, ne pouvoit-il mieux
        faire.
    Les hommes, difoit-il pour fouffrir font bien nez.
Pefte foit du boudin, & du boudin encore,
    Plût à Dieu, maudite pecore
    Qu'il te pendit au bout du nez!

La

La priére auffi-tôt fut du Ciel écoutée,
Et dès que le mari la parole lâcha,
    Au nez de l'Epoufe irritée
    L'aune de boudin s'attacha.
Ce prodige imprévû grandement le fâcha
La femme étoit jolie, elle avoit bonne grace,
Et pour dire fans fard la vérité du fait,
    Cet ornement en cette place
    Ne faifoit pas un bon effet,
Si ce n'eſt qu'en pendant fur le bas du vifage,
    Et lui fermant la bouche à tout moment
        Il l'empêchoit de parler aifément,
    Pour un Epoux merveilleux avantage.
    Je pourrois bien, difoit-il à part foi
Pour me dédommager d'un malheur fi funeſte,
    Avec le fouhait qui me reſte
    Tout d'un plein faut me faire Roi.
Rien n'égale, il eſt vrai, la grandeur fouveraine,
    Mais encore faut il fonger
    Comment feroit faite la Reine,
Et dans quelle douleur ce feroit la plonger,
    De l'aller placer fur un Trône
    Avec un nez plus long qu'une aune.
    Il faut l'écouter fur cela;
Et qu'elle même elle foit la maitreſſe
De devenir une grande Princeſſe

C 2

En

En confervant l'horrible nez qu'elle a ;
    Ou de demeurer Bûcheronne
Avec un nez comme une autre perfonne,
Et tel qu'elle l'avoit avant ce malheur-là.

La chofe bien examinée,
Quoi qu'elle fût d'un Sceptre & le prix & l'effet,
    Et que quand on eft couronnée
    On a toûjours le nez bien fait,
Comme au plaifir de plaire il n'eft rien qui ne cède,
Elle aima mieux garder fon bavolet,
    Que d'être Reine & d'être laide.
Ainfi le Bûcheron ne changea point d'état ;
    Il ne devint point Potentat,
    D'écus il n'emplit point fa bourfe :
Trop heureux d'employer le defir qui reftoit,
    Frêle bonheur, pauvre reffource,
A remettre fa femme en l'état qu'elle étoit ;
    Tant il eft vrai qu'aux hommes miférables,
Aveugles, imprudents, inquiets, variables,
    Point n'appartient de faire des fouhaits,
    Et que peu d'entre eux font capables
De bien ufer des biens que le Ciel leur a faits.

    Mr. G. . accufe à tort de mauvaife foi
Mr. Perrault dans le recit de cette hiftoriette. Il n'y a point de crime à faire un
Conte qui ne bleffe ni la Religion ni les
bonnes mœurs. Pour moi je crois que
                                    Mr.

Mr. G. . ne pefte pas de bon cœur contre M. Perraut & qu'il n'a eu que la de-
mangeaifon de fe parer de fa jolie invention en y alterant quelques circonftances.
Voici fon Conte avec les changemens.
Il écrit à Mr. Gentil, Procureur au Châ-
telet.

Rien n'eft plus criminel que de faire une hiftoire
   Où l'on trahit la vérité,
Et je tiens que mentir à la poftérité
Eft indigne d'un cœur qui recherche la gloire :
   Mon cher Gentil, vous avez leu
L'Hiftoire du boudin, dont Perraut fait un Conte,
Plus fidelle & plus courte aujourd'hui je la conte,
C'eft à vous de juger lequel doit être crû.
Un Manant & fa femme à jeûn depuis deux jours,
   Si grande étoit leur indigence,
Dans cette extrémité fans efpoir de fecours
   Peftoient contre la Providence.
Qu'avons nous fait au Ciel, difoient ces bonnes
     gens,
   Pour être ainfi dans la mifére,
Pendant que nos voifins crévent de bonne chére ?
   Le Ciel voit bien qu'ils font méchants,
   Et cependant tout leur abonde,
   Le bien leur arrive en dormant ;
Ah ! s'il étoit un Dieu qui gouvernât le monde,
La chofe iroit bien autrement.
   Pour faire ceffer leur murmure
   Qui faifoit tort à Jupiter,

 Ce

Ce grand Dieu vint comme un éclair
Du haut du Ciel dans leur mâsure.
Finiſſez, leur dit-il, un diſcours criminel,
Qui mériteroit que mon foudre
Vous reduisît tous deux en poudre,
Si je n'avois pour vous un amour paternel:
Mais je porte ſi loin cette bonté de pére,
Qu'au lieu de vous punir, par le Styx je promets
D'accomplir trois de vos ſouhaits,
De quelque qualité que vous les puiſſiez faire.
Après ces mots le Dieu des Cieux
Ceſſant de paroître à leurs yeux,
Laiſſa nos gens tranſportez d'aiſe.
Le mari qui ſe nommoit Blaiſe
Dît à ſa femme, ah! ma Catin,
Va promptement prier Giraud nôtre Compére,
De nous vouloir prêter une pinte de vin,
Mais ne dis rien de nôtre affaire.
Comme le vin ouvre l'eſprit,
Avant qu'à Jupiter nous demandions trois graces,
Nous ne ferions pas mal d'en boire quelques taſſes.
Catin volontiers obeït,
Et courant ſans reprendre haleine,
Rapporta la bouteille pleine.
A l'aſpect de ce jus chéri
Son benêt & ſot de mari,
S'écria, ma Catin, ſi le Ciel favorable
Nous envoyoit du boudin gras
Long comme la moitié du bras,
Nous chaſſerions bien-tôt la faim qui nous accable.

A

A peine Blaife eut prononcé
Le dernier mot de fa priére,
Que fon fouhait fut exaucé.
Sa femme en fut fort en colére,
Quoi, dit-elle, pauvre credin,
Pendant que nous pouvons defirer la richeffe,
  Tu vas fouhaiter du boudin,
  Il faut que tu fois bien Jean-feffe;
  Par ce difcours injurieux,
  Blaife piqué jufque dans l'ame,
  Avec un regard furieux,
  Lança deux foufflets à fa femme:
  Après les deux foufflets donnez,
Sans y trop refléchir au fort de fa furie,
Plût-à Dieu, lui dit il, qu'au bout de ton grand
    nez
Ce boudin s'attachât en guife de roupie.
A peine a-t-il parlé, que voila le boudin
  Qui pendille au nez de Catin.
  Blaife confus de fa fottife,
Pour appaifer Catin lui demande pardon,
  Mais elle de colére éprife
Lui chanta pire que fon nom.
Ouï, méchant, lui dit-elle, en la colére où j'en-
    tre,
  Pour punir ton fouhait malin,
Plaife au grand Jupiter que ce maudit boudin
Au fortir de mon nez te pende au bas du ventre.

C 4   Vous

Vous voyez, Madame, que le denoû-
ment de cette avanture eſt different, &
que par le dernier ſouhait Mr. G. . fait
degager à Catin ſon nez du boudin pour
en allonger un membre de ſon mari qui
l'intereſſe beaucoup   C'eſt l'unique endroit où je trouve plus d'eſprit & de juſteſſe dans le Conte de Mr. G. . que dans
celui de Mr. Perraut. Mais *facile eſt in-
ventis addere.*

CHAPITRE IV.

*Du nez camard.   Du nez de betterave.
Du nez aquilin*

MR. Coſtar dit du nez de Madame
Lavardin , qu'il a un certain tour
galant que la nature n'a pas trouvé du premier coup.   Il n'étoit aſſûrément pas camus ; de quelque côté qu'on regarde cette eſpèce de nez, & de quelque maniere
qu'il ſoit tourné , il n'a jamais d'agrément.

La ſeule idée d'un nez camus , renferme en ſoi une ſatire ; il eſt ſi hors de mode qu'il n'eſt plus que le partage du petit
bourgeois.   Un homme de qualité rougiroit toute ſa vie juſqu'au bout des ongles
d'avoir le nez ſi diſgracié.

Mr.

Mr. de Fontenelle écrivant à un de ſes amis que le Comte D. . . avoit épouſé la fille d'un Marchand, dit entre autres choſes. Je deſeſpere qu'il la puiſſe jamais dreſſer aux grands airs ; elle eſt petite, trapuë, graſſe, un viſage large, *le nez aſſez plat*, vous voyez bien que cette figure là n'eſt point propre à être élevée aux maniéres de Comteſſe. On eût pu faire quelque choſe d'une perſonne maigre, qui eut eu une taille fine & *un grand nez un peu aquilin*. La race des Comtes D... n'eut pas été gâtée, comme elle va l'être infailliblement. Vous y allez voir entrer un air bourgeois qui n'en ſortira de dix générations. &c.

Mr. Patin plaida un jour au Parlement de Paris pour la faculté de Medecine contre Mr. Renaudot, Docteur de Montpellier qui prétendoit pratiquer à Paris comme s'il eut été aggregé au corps des Medecins de cette Capitale. Mr. Patin eut tout l'avantage, mais il conſola ſa partie en ſortant de l'Audience : Monſieur, lui dît-il, vous avez gagné en perdant : comment donc, répondit Mr Renaudot ? c'eſt, repliqua Mr. Patin, que vous étiez camus quand vous êtes entré au Palais, & vous en ſortez avec un pied de nez. Quelle mortification pour un Camus ! S'il eut été Gaſcon, ſur ma parole, il eut mis flamberge au vent pour tirer raiſon d'un ſi ſanglant affront.

Les Muſes burleſques étant du dernier

C 5

ordre,

ordre, ont le nez camus, & ne font que les chambrillons des autres Mufes. Mr. Scarron parle ainfi de la fienne.

Helas! je n'ai pour toute Mufe
Qu'une malheureufe camufe,
Et laquelle pour dix écus
Un vieil cotillon & rien plus
Sert à laver les écuelles
D'Apollon & des neuf pucelles,
Et qui n'a pour tout inftrument
Que trompe à Laquais feulement,
Deux os de bœuf & deux fonnettes
Pour dire quelques Chanfonnettes.

Quand il invoque fa Mufe au commencement de fon Virgile travefti, il le fait de cette forte.

Petite Mufe au nez camard
Qui m'as fait Auteur goguenard,
Et qui, quoi que mon mal empire
Me fais pourtant quelquefois rire,
Di-moi bien comment & pourquoi,
Junon fans honneur & fans foi
Perfécuta ce galant homme,
Sans lequel nous n'aurions pas Rome,
Ni tous ces illuftres Romains,
A qui nous baifons tous les mains.

Du

Du reſte une Camuſe eſt friande de ra-
gouts de Venus & Mr. le Pais dit à Pâ-
quette, votre nez eſt un peu camard &
tourné à ne pas haïr l'amourette. Au
contraire un Camus eſt un pauvre Prêtre
en cas d'amour. Il n'en donne ni n'en
prend. J'avouë qu'il y a des exceptions à
cette régle. Mr. de Benſerade eſt même
d'avis que les nez camards ſont des nez à
bonnes fortunes auſſi-bien que les mieux
faits. Voici comme il fait parler dans
ſon Balet de la nuit le grand Maitre de
l'Artillerie, qui étoit camus, repreſentant
Medor.

Ha! vous me flatez, Arioſte,
Et vous faites à vôtre poſte
La beauté que vous me donnez;
Mais auriez-vous bien le courage
D'oſer ſoûtenir à mon nez
Que je ſois ſi beau de viſage?

J'ai la tête fort belle & bonne,
Je ſuis bien fait de ma perſonne,
Doux, accort, ſage & des mieux nez:
Quant au reſte ſans flaterie,
Je n'ai pas tout-à-fait le nez
Tourné vers la galanterie!

Pour moi cependant on ſoûpire
Tandis qu'en l'amoureux empire

Languiſſent tant d'infortunez,
Et près de la Belle que j'aime,
Mes Rivaux ont un pied de nez
Mais moi je n'en ſuis pas de même.

Jaloux, pleurez à chaudes larmes,
Tant d'attraits, d'appas & de charmes,
Pour vous ne ſont point deſtinez ;
Trop de vanité vous emporte,
Et ce n'eſt pas pour vôtre nez
Mais pour un taillé d'autre ſorte.

Non ma beauté n'eſt point ſi rare
Angelique a le goût bizare,
Et ſes feux feront condamnez :
Telle eſt d'amour la loi commune
Et ce n'eſt pas toûjours au nez
Que ſe meſure la fortune.

Cependant le nez camard eſt d'ordinaire vilain, degoutant, puant, & marque
un naturel malin. Mr. Scarron écrivant à
une Dame camuſe & dont toute la famille
l'étoit auſſi, lui dit entre autres choſes.

Par ton nez, vrai nez de blereau,
Par ſa loupe & par ſon poireau,
Par la très prétieuſe goute
Qui toute l'année en degoute,
Je te conjure que ton fils
Importun ſi jamais en vis,

Ne me rende aucune vifite,
Tant puiſſe - t - elle être petite,
Et que toi, ton Epoux auſſi
Veuilliez bien en uſer ainſi.
Certes vous êtes trois perſonnes
Qui n'êtes ni belles ni bonnes.
Ton Epoux a le nez patté,
Des autrez nez très-redouté, &c.

On tient qu'une bouche de travers, des
cheveux roux, & un nez camus ſont de
très-mauvaiſes lettres de recommandation
pour une perſonne. Le Poëte ſans fard
nous aſſure que Mr. Rouſſeau à ces défauts là. Il parle des deux premiers dans
ce Rondeau.

Horriblement ſur la rive de Marne
Mugit ce Monſtre en qui Demon s'incarne;
Digne il feroit par très-bonne raiſon
D'être ferré dans étroite priſon,
Sans voir le jour que par une lucarne.
Vilain fruit ſort de la terre qu'il marne;
Du plaiſir ſale & cheri près de l'Arne
Et vers laſcifs il répand le poiſon
          Horriblement.

A la vertu que ſans ceſſe il décharne,
Il lance pierre aiguë, à vive carne;

Au vice il eſt plus ardent qu'un tiſon;
Sa bouche eſt torſe, & rouſſe eſt ſa toiſon.
Sur les humains ce malheureux s'acharne
Horriblement.

Il fait Mr. Rouſſeau camus dans la Ba-
lade ſuivante.

Fier de quelques couplets où la rage étincelle,
Où l'abſinthe & le fiel dominant tour à tour,
Compoſent de concert le plus affreux libelle
Qu'on vit jamais paroître à la Ville à la Cour:
Fier, dis-je, des exploits de ſa mordante Muſe
Voyant par le bâton tous ſes lauriers flêtris
Ce noir Rimeur parut avec face camuſe,
Plus honteux qu'un Renard qu'une poule auroit pris.

Deſireux d'effacer cette tache éternelle,
Fauſſaire accuſateur par un lâche détour
Il impute à Saurin ſa verve criminelle
Et le fait enfermer dans une triſte Tour.
Mais voyant que malgré ſes fourbes & ſa ruſe
Saurin ſe juſtifie aux yeux de tout Paris,
Ce noir Rimeur parut avec face camuſe,
Plus honteux qu'un Renard qu'une poule auroit pris.

Apprenant, qui pis eſt, la fâcheuſe nouvelle
(Car on la publioit en chaque carefour,)

Que

Que le Parquet avoit informé la Tournelle
De tant de ſales vers qu'il avoit mis au jour:
Pour ne point éprouver la rigueur dont on uſe
Envers ceux que l'on trouve auteurs de tels écrits,
Ce noir Rimeur s'enfuit avec face camuſe,
Plus honteux qu'un Renard qu'une poule auroit pris.

E N V O I.

Princes, Rois, Souverains, ſi quelqu'un vous
    révèle
Qu'en vos heureux climats ce Rimeur fait ſéjour:
Faites le prendre au corps, & montrez vôtre zele
A punir ce Docteur d'un deteſtable amour;
Coupable & convaincu des faits dont on l'accuſe
Sergens écoutez-moi, vous n'y ferez mépris:
Ce noir Rimeur paroit avec face camuſe,
Plus honteux qu'un Renard qu'une poule auroit pris.

Quoi qu'il en ſoit, il ſemble qu'il y ait trop de fiel & d'aigreur dans l'Anti-Rouſſeau. J'ai ouï dire que Mr. Rouſſeau traite ſon antagoniſte du haut en bas, & qu'il s'eſt contenté de lui répondre par ce couplet.

Tu le prens ſur un ton nouveau,
Ta façon d'écrire eſt fort belle,
Tu nous viens parler de Bourreau,
De fouët, de balais & d'échellé:

La Gréve eſt ton ſacré Valon,
Maître André. * t'y ſert d'Apollon
Pour rimer avec tant de grace,
Et je crains qu'un jour Mont-faucon
Ne te tienne lieu de Parnaſſe.

Les Africains ſont camus à cauſe que la chaleur & la ſéchereſſe leur rétrecit le bout du nez, le nez étant d'une chair molle & humide.

Les Enfans naiſſent avec le même défaut, parce que leur nez encore tendre eſt entre leurs genoux & ſe preſſe à la ſortie, car ils viennent d'ordinaire la tête la premiére. Baſte ſur cet article; parlons d'autre choſe.

Venons à ces nez parſemez de rubis, ou que le jus de la treille a teints en écarlate. Ils ont été encenſez par les bons biberons. Témoin cette Chanſon à boire.

C'eſt par vous, ô Bacchus, que le teint s'enlu-
    mine,
Et ſans vô re liqueur divine
Les hommes n'auroient point de brillants ſur le
    nez.
Pâles, défaits, couleur mourante,
Ils reſſembleroient tous de vrais effeminez;
Tout brille, tout rit, tout enchante
Dans les corps que vous abreuvez.

Mais

* *Bourreau de Paris.*

Mais ces Messieurs me dispenseront,
s'il leur plaît, d'entrer dans leur sentiment. Il n'est pas permis d'être Juge &
Partie. Pendant que leur nez n'est enrichi
que de fausses pierreries, ils se reduisent
à porter des habits qui montrent la corde.

Un fameux Auteur apostrophe plaisam-
ment un de ces piliers de cabaret à nez
enluminé.

Il mange tout ce gros glouton,
Il boit tout ce qu'il a de rente :
Son pourpoint n'a plus qu'un bouton
Et son nez en a plus de trente.

C'est peut-être ce Maitre à pinter qui parle dans une Chanson qui commence par.

Je suis un Docteur toûjours yvre
Qui tient rang *inter sobrios*,
Et si jamais je n'ai vû livre
Qu'*Epistolas ad Ebrios*.
Pour moi de qui la panse est plate
Nimis plenis visceribus,
J'ai les yeux bordez d'écarlate
Et nasum plenum rubibus.

Pour le nez aquilin, les Anciens l'esti-
merent ; c'est un nez royal selon Platon ;
Philostrate, Martial, Elien le donnerent
comme celui de tous les nez qui orne le
mieux un visage : Cyrus l'avoit de la for-

te, c'eſt pourquoi ce nez étoit en eſtime particuliére parmi les Perſes.

C'eſt dommage que les Modernes s'y ſoient ſi mal pris pour le louër. Que direz-vous, Madame, de l'impertinence d'un Italien ſur un nez aquilin? cet Auteur, après avoir furieuſement prôné ce nez d'importance, ajoute très mal-à-propos ce me ſemble, que c'eſt l'arc de Cupidon: Cette idée bleſſe d'abord une imagination délicate. On diroit que ce Poëte va faire lancer à l'Amour une roupie au lieu de flêches.

J'ai bien entendu dire à un Amant que les ſourcils de ſa Philis ſont des arcs dont Cupidon ſe ſert pour tirer les traits dangereux des yeux de cette Belle. Cette penſée a du brillant & de la juſteſſe, mais pour celle de l'Italien, ſerviteur.

Je ſuis bien-aiſe, Madame, que vous ayez le nez aquilin & ſur tout qu'il ſoit ſi bien pris dans ſa taille. Quelque ſorte de nez qu'on puiſſe avoir, s'il eſt trop court, il marque de l'étourderie: d'ordinaire les gens à nez court ne voient pas plus loin que leur nez. D'ailleurs un nez trop grand fait peur. Il faut de la médiocrité par tout.

Court, il eſt parfois dangereux:
Long, nuit aux baiſers amoureux
Où la tendreſſe s'abandonne.

A la vue du votre, Madame, je m'écrie
d'abord.

Nez, taillé comme il faut qu'il foit
Et pour la bouche qui les donne,
Et pour celle qui les reçoit.

C H A P I T R E. V.

Contenant quelques colifichets.

LE nez entre en plufieurs façons de
parler proverbiales; c'eft une marque
de fon merite.

On dit qu'*une chofe n'a point de nez,*
quand elle eft fans beauté & fans agrément.

Avoir bon nez; c'eft être prudent. Ce
Proverbe a bonne grace dans la bouche
de Marinette, quand elle s'applaudit de la
maniére qui fuit, d'avoir rembarré un E-
poufeur d'un demi quart-d'heure.

Marinette eut bon nez, quoi qu'on en puiffe dire,
De ne permettre rien un foir qu'on vouloit rire.
Quelque autre fous l'efpoir de matrimonion
Auroit ouvert l'oreille à la tentation;
Mais moi, *nefcio vos.*

Il n'y paroit non plus que le nez au visage. C'est comme si on disoit, cela saute aux yeux.

Mener quelqu'un par le nez. C'est en faire ce qu'on veut. Mr. Scarron emplo-ye ingenieusement cette phrase dans une Epître à Mr. le Prince.

> Fort en raisons, ainsi qu'un Demosthène,
> Où vous voulez vôtre esprit chacun mène :
> Quand vous voulez, à force de raisons,
> Les mieux sensez passent pour des Oisons ;
> Au Diable, si vous répondre aucun ose,
> Quand sa raison à la vôtre s'oppose,
> De vôtre esprit tant ils sont étonnez ;
> En bon françois, c'est mener par le nez ;
> Si vôtre Altesse ainsi les autres mène,
> Vous n'êtes pas un Prince à la douzaine.

Jetter quelque chose au nez, signifie, re-procher. Mr. Moliére a dit ; faut-il.

> Que l'on te jette au nez le scandaleux affront
> Qu'une femme friponne imprime sur ton front ?

Ce n'est pas pour vôtre nez, est la même chose, que ce n'est pas pour vos beaux yeux, ou, ce n'est pas pour vous que le four chauffe. Mr. Scarron use de cette phrase : il dit à Madame de Haute-fort.

Et puilliez-vous, vous & vos chers Enfans,
Vivre chacun fix-vints quatre ou cinq ans,
Et moi Scarron, carcalle décharnée,
Finir bien-tôt ma trifte deflinée,
Ou que des jours meilleurs me foient donnez,
Mais, par ma foi, ce n'eft pas pour mon nez.

Avoir un pied de nez eft encore une ex-
preflion très-françoife. Nous en avons
parlé ailleurs. L'Auteur que je viens d'alleguer, s'en fert heureufement dans ces
vers.

Peuples qui nous faites la guerre,
Vous me femblez bien-étonnez,
Au lieu d'acquerir nôtre terre
Vous n'acquerez qu'un pied de nez.

Mettre fon nez ici, là, par tout, &c. veut
dire, fe mêler de ceci, de cela, de tout.
Mr. le Noble applique fi joliment ce Proverbe dans fon Conte du *Cenfeur Savetier,*
que je ne me puis empêcher de copier
toute cettte belle piéce, pour vous faire
voir la jufteffe de l'application.

Le Censeur Savetier.

Autrefois dans la docte Gréce
Mére nourrice des beaux Arts,
Certain Peintre fameux par sa délicatesse,
Des coups de son pinceau charmoit tous les re-
    gards.
D'un dessein bien conduit la noble hardiesse,
Un ordre merveilleux, un brillant coloris,
Et le grand goût mêlé de force & de tendresse
    Qu'il menageoit avec adresse,
    Rendoient tous ses Tableaux sans prix.
Un jour donnant l'essor à son heureux genie,
De vingt objets choisis il prit les plus beaux traits,
    Et de leur beauté réünie
En fit une Venus avec tous ses attraits.
La Grecque nudité de tout point achevée
Etaloit d'un beau corps les charmes les plus fins;
    Et seulement sur deux patins
    Le Peintre l'avoit élevée.
L'ouvrage ainsi parfait il voulut des Experts
    Sonder les sentimens divers:
    En public le Tableau s'expose,
    Au goût des délicats Censeurs
L'un prise l'attitude & l'autre les couleurs;
L'un l'éclat d'un teint vif qui fait pâlir la rose,
L'autre d'un œil riant les flatteuses douceurs;
Et tandis qu'à son gré chacun la voit, & cause

D'une

D'une natte couvert le Peintre exactement
    Remarque tout ce qu'on propose,
    Et juge de leur jugement.
Un maître Savetier qui dans la même ruë
Indiquoit les logis aux novices plaideurs,
Autour de ce Tableau voyant cette cohuë
Y courut & parmi les autres regardeurs
    Voulut satisfaire sa vûë.
Le Compére d'un air critique & férieux
Sur les riches patins porta d'abord les yeux,
Et ne les jugeant pas d'une juste mesure
    Pour le petit pied de Venus,
    En termes dans son art connus
En fit, comme Docteur, la févére cenfure.
    Bon, disoit le Peintre caché,
Le voisin a raison, j'ai sans doute peché,
Sur le fait des patins, c'est un Docteur en forme.
Mais quand il entendit ce maître savetier
S'écrier, en passant les bornes du métier,
Cette jambe est trop grêle, il faut qu'on la ré-
    forme,
Ce genou paroît dur, ces piez font mal tournez,
Quelles fesses bons Dieux! leur grosseur est énor-
    me.
    Où Diantre, mets-tu là ton nez?
Dit le Peintre en sortant de derriére sa natte;
Passe pour les patins, mais apprens desormais
    Qu'un Savetier ne doit jamais
    Aller plus haut que sa savatte.

D 4

Un

Un Amant a renfermé une bonne partie
des Proverbes où le nez a part, dans ces
vers qu'il addreſſe à une Philis à l'ame
tygreſſe.

De mon reſſentiment je ne ſuis plus le maître,
Vos ſoins à m'offenſer me ſemblent acharnez;
Pourquoi tant de rigueurs ? Philis eſt ce peut-être
   Pour me tirer les vers du nez?

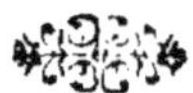

Voir un Amant qui craint, qui pleure, qui ſoû-
   pire,
Traîner languiſſamment des jours infortunez,
Inſulter à ſes maux & n'en faire que rire,
   Ce procedé n'a point de nez.

Tout le monde eſt touché de mon ſort déplorable;
Mes Rivaux ſont d'accord que vous me condam-
   nez.
A ſouffrir ſans juſtice un deſtin miſérable,
   Je vous le dis à vôtre nez.

Pour les mortifier vous allez leur répondre,
Qu'au même deſeſpoir étant abandonnez,
Ils viennent à credit avec moi ſe morfondre,
   Et qu'ils ſe prennent par le nez.

Les

Les pauvres gens auſſi le font d'un air fort ſage.
Mais je crois qu'à la fin pour être trop bernez,
Ils changeront de notte, & même de viſage.
    Qu'ils vont tous s'arracher le nez.

Ils auront bien raiſon : j'en uſerai de même.
Il vaut mieux qu'à cela nous ſoyons deſtinez,
Que d'endurer ſans ceſſe une douleur extrême,
    Et d'avoir un grand pied de nez.

Peut-être les Amours que nuit & jour je prie,
Voyant par vos rigueurs leurs ſujets mal-menez,
Tourneront vôtre nez vers la galanterie,
    Et nous nous referons le nez.

Vous prenez bien, Philis, vôtre nez pour vos
    feſſes
De dire tout net, foin de ces enfants mal-nez,
Qu'on tireroit du lait à ces petits Jean-feſſes
    En leur tordant un peu le nez.

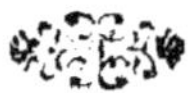

Si ce font des Enfants, fachez qu'ils en font
    d'autres;
Ils ont de la vigueur, contre vous mutinez,
Ils vous montreront bien qu'ils font de bons
    Apôtres.
    Alors vous faignerez du nez.

Il me femble les voir vous déclarer la guerre.
Ils font autour de vous déja tout cantonnez;
Ils vous feront, ma foi, donner du cul en terre,
    Ou bien, comme l'on dit, du nez.

Le nez a donné lieu à quelques aventu-
res plaifantes. Je fuis d'humeur de vous
en debiter trois ou quatre. Mais, Madame, je vous avertis de vous fouvenir du
premier article de nôtre capitulation.

Un galant homme m'a conté qu'allant
en caroffe avec une Dame, de Paris à
Verfailles, le caroffe verfa, & qu'en
tombant il fe trouva juftement le nez entre les deux feffes de la Dame; il ajoûtoit
que jamais pofture ne lui avoit paru plus
agréable que celle-là. Je lui fis la guerre
fur la bizarrerie de fon gout & je dis que
je ne fouhaiterois pas un pareil étui à
mon nez. Lui, fans fe deconcerter me
répondit: La Dame m'avoit pris pas der-
                                    riére,

riére, je la pris par devant & je me vengeai; la vengeance à votre avis, n'étoit-elle pas bien douce?

Des garçons Tailleurs de Paris rencontrerent dans la ruë St. Honoré, au plus fort d'un rude hiver un gaſcon tout éguenillé qui trembloit de froid depuis les pieds juſqu'à la tête. Il prit fantaiſie à un de ces Drôles de dire en paſſant à ce pauvre Diable, mon ami vandes-tu? Le gaſcon prompt à riſpoſter, comme le font d'ordinaire ceux de ſon Païs, répondit: Je vande du derriére pour te tirer au nez. Je ſuis aſſûré que vous ne trouverez pas le mot pour rire dans cette hiſtoriette. C'eſt ſans doute du Grec & de l'Hebreu pour vous. Demandez en, ſi vous voulez, l'explication à ces Plumets que vous voyez quelquefois.

Pour moi de qui le front trop aiſément rougit.

Je ne ſuis pas ſi cavalier que de vous l'oſer donner.

Le Tailleur de Mr. Scarron le pria un jour de faire des vers à ſa louange. Il eſt juſte, Maître Robert, répondit Mr. Scarron, que ma Muſe s'étant employée pour quantité de perſonnes qui ne meritoient pas tant ſon encens que vous, ne vous refuſe pas cette ſatisfaction. Là-deſſus ce Poëte ayant un peu rêvé, dit bruſquement, voici déja deux vers de faits.

Grands

Grands Dieux! qui fites les planettes
Et le Ciel d'Aftres couvert.

Le Tailleur fe récria fur cette trop magnifique invocation , & fe plaignit que
Mr. Scarron montat fi haut pour un homme de fon calibre. Patience, repliqua
Mr. Scarron, je defcendrai affez bas, &
fur le champ il ajoûta ces deux vers aux
autres.

Faites de mon Cu des lunettes
Pour le nez de Maître Robert.

Du tems que le petit Pere André avoit
fait monter les pointes jufque dans la
chaire, il ne négligeoit aucune occafion
d'en faire parade.   Un jour qu'il fe de-
chaînoit contre la lecture des Romans, il
dit entre autres chofes. Quand je vais
voir une de mes Penitentes, je la trouve
un livre à la main, mais quel livre, bon
Dieu! c'eft un deteftable Roman qu'elle
met à l'écart fi tôt que je parois, & à peine ai-je tourné le derriére qu'elle a le nez
dedans.

Pardonnez moi , Madame, les petites
folies que je viens de dire & vous prepa-
rez, s'il vous plaît, à expédier un paffe-
port à celles qui vont faire la matiére du
Chapitre fuivant.

CHA-

CHAPITRE VI.

Sentimens sur les écarts de quelques Auteurs qui se sont oubliez jusqu'à vouloir être les Panegiristes du visage sans yeux & sans nez.

APrès avoir fait l'éloge des yeux & du nez, je ne saurois souffrir, Madame, que quelques beaux Esprits se soient amusez à faire celui de ces visages sans nez. Si Paris avoit été Auteur, je suis persuadé qu'il ne se seroit point senti tenté d'écrire sur les fessiers ; je crois même qu'il auroit pris le contrepied de tout cela, à moins qu'il n'eût été aussi indifferent sur d'autres plus belles parties qu'un Peintre le representa un jour.

Ce Peintre d'ailleurs assez judicieux, & très-habile en son art, avoit rangé les trois belles Déesses & Paris en rond comme s'ils eussent voulu danser un branle. Ce tableau arrêta les Curieux de la Cour de France & même le Roi qui se connoissoit en peinture. Rabelais étoit des regardans & après avoir examiné un ouvrage si achevé, il traita le Peintre d'âne & d'ignorant. Le Roi voulut savoir ce qui l'obligeoit à parler de la sorte. Sire, répondit Rabelais, n'est-ce pas une honte

que

que ce coquin de Paris voye par devant
trois divines beautez toutes nuës & que
l'aiguille de fon cadran ne marque que fix
heures?

Sans nous embarquer dans des digref-
fions, laiffons-là Rabelais, Paris, Junon,
Venus & Pallas pour tomber d'accord a-
vec les Philofophes de la bizarrerie des
hommes, & que le goût n'eft point matiére à conteftation. Mr. le Duc de la Ro-
chefoucaut, Mr. l'Abbé Villiers & tous
nos autres Moraliftes n'avoient qu'à dire
que Meffieurs Scarron, Voiture, Pavillon & le Païs avoient été enchantez des cus
pour prouver le ridicule des perfonnes les
plus raifonnables. Si vous doutez, Madame que ces beaux Efprits ayent pris
l'emploi de les louër je vais faire exhibi-
tion de leurs piéces & mettre d'abord Mr.
Scarron fur les rangs. Il écrit à Madame
de Haute-fort.

On ne vous verra plus en pofture de Pie
 Dans le Cercle accroupie ;
Au grand plaifir de tous & de vôtre jarret,
Vôtre cu qui doit être un des beaux cus de
 France
 Comme un cu d'importance,
A reçu chez la Reine enfin le Tabouret.

Comme on connoît souvent une chose par l'au-
    tre,
  D'un cu comme le vôtre,
J'ai connu le destin, voyant vôtre beau nez:
Et sans être Divin j'ai prédit que sans doute,
  Ce cu qui ne voit goute,
Seroit vû dans le rang de nos cus couronnez.

Nôtre Reine, Princesse aussi juste que sage,
  N'a pû voir davantage
Un cu plein de merite & très-Homme de bien,
Tandis que d'autres cus sont assis à leur aise
  A côté de sa chaise;
Debout ou mal assis comme un cu bon à rien.

Ce cu de satin blanc dont sans doute la face
  Ne fit jamais grimace,
Devoit assurément être un cu Duc & Pair;
Car qu'auroit-on pensé de ce qu'un cu si sage,
  Qui vaut bien un visage,
N'eût pas eu chez la Reine ou reposer sa chair.

Que

Que les hommes n'ont pas pareille deſtinée!
    Et que vous êtes née
Sous un Aſtre puiſſant & favorable aux cus!
Tandis que le vôtre eſt près de ceux des Prin-
    ceſſes,
    Aſſis ſur ſes deux feſſes,
Le rôtre n'eſt aſſis que ſur deux os pointus.

Paſſe pour Mr. Scarron: on donne la car-
te blanche aux Poëtes burleſques. Comme ils ne ſongent pas trop à ce qu'ils font
quand ils écrivent, il ne faut pas prendre
au bond toutes leurs paroles. Mais Madame, que penſerez-vous de Voiture, du
delicat Voiture, après avoir lû les ſtances
ſuivantes qu'il fit ſur une Dame dont la
juppe fut retrouſſée en verſant dans un ca-
roſſe à la Campagne?

Philis, je ſuis deſſous vos loix,
Et ſans remède à cette fois
Mon ame eſt vôtre priſonniére.
Mais ſans juſtice & ſans raiſon,
Vous m'avez pris par le derriére.
N'eſt-ce pas une trahiſon?

Je m'étois gardé de vos yeux:
Et ce viſage gracieux,

Qui

LE NEZ, &c.

Qui peut faire pâlir le nôtre,
Contre moi n'ayant point d'appas
Vous m'en avez fait voir un autre
De quoi je ne me doutois pas.

D'abord il se fit mon vainqueur;
Ses attraits percerent mon cœur,
Ma liberté se vit ravie :
Et le méchant en cet état,
S'étoit caché toute sa vie,
Pour faire cet assassinat.

Il est vrai que je fus surpris,
Le feu passa dans mes esprits
Et mon cœur autrefois superbe,
Humble se rendit à l'Amour,
Quand il vid vôtre cu sur l'herbe,
Faire honte aux rayons du jour.

Le Soleil confus dans les Cieux,
En le voyant si radieux,
Pensa retourner en arriére,
Son feu ne servant plus de rien,
Mais ayant vû vôtre derriére,
Il n'osa pas montrer le sien.

E

En

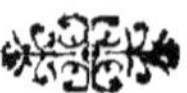

En découvrant tant de beautez,
Les Silvains furent enchantez:
Et Zephire voyant encore
D'autres appas que vous avez,
Même en la préfence de Flore,
Vous baifa ce que vous favez.

La Rofe la Reine des fleurs,
Perdit fes plus vives couleurs:
De crainte l'œillet devint blême:
Et Narciffe alors convaincu,
Oublia l'amour de foi-même,
Pour fe mirer en vôtre cu.

Auffi rien n'eft fi précieux:
Et la clarté de vos beaux yeux,
Vôtre teint qui jamais ne change,
Et le refte de vos appas;
Ne meritent point de louange,
Qu'alors qu'il ne fe montre pas.

On m'a dit qu'il a des défauts
Qui me cauferont mille maux.
Car il eft farouche à merveilles:
Il eft dur comme un diamant,
Il eft fans yeux & fans oreilles,
Et ne parle que rarement.

Mais je l'aime & veux que mes vers
Par tous les coins de l'Univers
En faffent vivre la mémoire
Et ne veux penfer deformais,
Qu'à chanter dignement la gloire
Du plus beau cu qui fut jamais.

Philis cachez bien fes appas:
Les Mortels ne dureroient pas,
Si ces beautez étoient fans voiles.
Les Dieux qui régnent deffus nous
Affis là-haut fur les étoiles,
Ont un moins beau fiége que vous.

Mr. Pavillon qui avoit tant de jufteffe
dans l'efprit & tant de droiture dans le
cœur, n'a pas eu feulement la foibleffe de
E 2　　　　　　　　don-

donner des louanges à un cu , il en a fait
l'apothéofe. Par là il a pouffé fa folie
plus loin que d'autres. Cependant comme tout ce qu'il manie fe convertit en or ,
& qu'on eft obligé de lui tenir compte de
fes defauts , je ne faurois, malgré mon
reffentiment, m'empêcher de nommer la
piéce une fage extravagance. La voici.
Je vous défie, Madame, avec tout votre
bel efprit & toute vôtre auftére vertu de
pouvoir entiérement condamner une fi vilaine & fi belle chofe.

Metamorphofe du Cu d'IRIS en ASTRE.

JUpiter ayant dans la tête
  De faire une célèbre fête,
Vifite dans les Cieux toutes les raretez
  Qu'on y porte de tous côtez:
Et voyant qu'on auroit de la place de refte,
  Voulut de quelques nouveautez
  Embellir la voute célefte.
  Prend tes ailes & ton chapeau,
  Mon cher fils, dit-il à Mercure,
  Cherche dans toute la Nature
Ce qu'elle peut avoir à ton gré de plus beau,
  Pour fervir ici de parure.
  Mercure plus promt qu'un éclair
Avec fes pieds ailez fend les plaines de l'air,
Et vient *incognito* defcendre fur la terre.

Il cherche, court, s'informe & fe tourmente bien
    Cependant il ne trouve rien
Qui puiſſe contenter le Maître du Tonnerre.
    De ſon malheur il ſe plaignoit,
Quand regardant encor ce qu'il laiſſoit derriére,
    Il apperçut dans la riviére
    Le cu d'Iris qui ſe baignoit.

Voila, dit il mon fait, puis s'avance, examine,
Et reconnoît les traits , la blancheur, la peau
        fine ;
    Et quand il eut bien raiſonné,
Le trouve digne enfin de la voute éternelle
    Mais plus digne encore de celle
    A qui l'Amour l'avoit donné.
    Content de ſe voir hors de peine,
Et charmé des beautez de l'objet qu'il a vû,
    Il retourne à perte d'haleine
    Plus vîte qu'il n'étoit venu.
Il arrive à l'Olympe, & court en diligence
Au Palais: mais Jupin y tenoit audiance
    Sur un Appel interjetté
D'un jugement rendu ſur le Mont du Parnaſſe ,
    Au profit de l'Antiquité,
    Que nôtre ſiécle revolté
Sur des titres nouveaux prétend bien que l'on
        caſſe.

Jupiter par l'Huiſſier averti du retour
    De ce Meſſager d'importance,
E 3

Se lève & plein d'impatience
Remet l'affaire au premier jour.
Il trouve juſtement Mercure à ſon paſſage
Hé bien! as tu fait bon voyage,
Lui dit-il, que m'apportes-tu?
Sire, je vous apporte un cu.
Un cu! mon fils! c'eſt bien le Diable,
S'écria le Dieu bien ſurpris!
Ouï, mon Pére un cu véritable;
Mais un cu qui n'a point de prix:
Rien dans le Ciel ne lui reſſemble.
Un cu que les Graces ont fait!
Ce n'eſt qu'en cet unique objet,
Qu'on les peut voir toutes enſemble.
Il eſt d'un éclat ſans pareil.
Quand nous l'aurons ici ſans juppes & ſans voiles,
Il fera pâlir le Soleil,
Et rougir toutes les étoiles.

Le Souverain Maître des Cieux
Ne crut pas ce rapport ſincére;
Mais en ayant été convaincu par ſes yeux,
Suivant la coûtume ordinaire,
Reſolut ſur le champ de propoſer aux Dieux
D'en faire un nouveau Luminaire.
Le beau Ganiméde en rougit,
Et lui même d'abord ſe retira pour cauſe:
Mais il donna tout ſon credit
Pour faire réüſſir la choſe.
On s'aſſemble: chacun voit ce dont il s'agit,
Parle,

Parle, raisonne à sa maniére :
Et voici sur cette matiére
A peu près ce que chacun dit.

C Y B E' L E.

Mes Enfans, je vous ai vû naître ;
Je dois en savoir plus que vous :
Si cet Astre vient à paroître,
Nous passerons pour de grands fous.
Je sais bien sur quoi l'on se fonde,
Que ses charmans appas meritent ce bonheur,
　Et que c'est un cu plein d'honneur,
　S'il en fut jamais dans le monde ;
　Qu'il est beau, poli, fait au tour,
Qu'il n'a point de pareil dans le Céleste Empire.
Mais il est des beautez, quoi qu'on en puisse dire,
　Qui ne font pas pour le grand jour ;
Nous devons marcher droit dans le siécle où nous
　　sommes ;
Si l'on se plaint de nous, ce n'est pas sans sujet.
Oublions le passé ; ce qui s'est fait s'est fait ;
　N'apprêtons point à rire aux Hommes ;
Nous n'abusons que trop de la Divinité :
Et nous ferons tant de folies
Que j'apprehende enfin qu'un jour quelques im-
　　pies
Ne découvrent la vérité.
Mon intérêt n'est pas ce qui m'oblige à craindre.
On trouve peu d'Autels à mon nom consacrez ;

Et quand j'aurai perdu quelques pauvres châtrez
Je n'en ferai pas fort à plaindre.

A P O L L O N.

Ouï, ma foi; vous avez raifon!
Nous ne fommes plus, ma Grand' Mére,
Comme du tems de mon Grand-Pére,
Efclaves du *qu'en dira-t-on.*
Pourquoi des fots difcours faut-il que le ciel
tremble?
Laiffons le monde comme il eft,
Faifons tout ce que bon nous femble;
Que les hommes en fuite en parlent, s'il leur plaît.
Devons nous d'eux apprendre à vivre?
Malheur à qui voudra faire ici le méchant!
C'eft l'ordre du Deftin que nous devons tous
fuivre.
J'en lifois encore le livre
Hier au foir en me couchant.
„ Force cus de divine & de mortelle race
„ Un jour très-malades feront,
„ Et jamais bien ne gueriront
„ Que le plus beau d'entre eux au ciel n'ait pris
fa place,
„ Et quiconque y contredira
„ Par le même endroit perira.
L'Almanach dit la même chofe.
Et le Noftradamus confulté fur ce point
Prédit cette Métamorphofe.

D I A-

D I A N E.

Vous parlez à faire pitié.
Mais enfin toutes ces fottifes,
Mon Frére, ne vous font permifes
Qu'à Delphes fur vôtre trepié.
C'eft là que vous pouvez mentir tout à vôtre aife:
Il n'y vient que des Idiots.
Prenez vous les Dieux pour des fots?
Vous m'allez reprocher Ephèfe;
Où de cent fauffetez je repais mes Devots.
Dans Ephèfe, il eft vrai, je me donne carriére,
Lors que j'y vois venir la terre toute entiére,
Sans rime ni raifon, demander mes avis:
Mais je ris toute la premiére
Des balivernes que je dis.
Allez beau Devineur & faites vôtre compte,
Qu'on ne fouffrira point l'immodefte fplendeur
D'un Aftre qu'on ne peut regarder fans rougeur,
Ni nommer fans mourir de honte.

B A C C H U S.

Tout beau, tout beau Diane; & calmez vos ef-
prits.
On n'a pas perdu la mémoire.
Le bel Endymion vous doit avoir appris
A voir & fouffrir encor pis,
Si nous en croyons vôtre Hiftoire.

E 5   H E' B E'.

H E' B E'.

Si jamais, malgré nous, on veut qu'impudem-
  ment
    Ce ridicule Aftre fe montre;
    Que j'aurai de contentement,
Quand tu reviendras yvre à ton appartement
    De te voir donner du nez contre.

M A R s.

    Morbleu! Mefdames, qu'eft-ceci?
J'arracherai du Ciel, ou que Dieu me puniffe,
    La tignaffe de Bérénice,
Et d'Erigone en pleurs le bel œil que voici,
Si vous ne confentez que l'on rende juftice
    Au plus beau cu qui foit ici.
Il eft jufte, par tous les Diables,
Que le Ciel empyrée au moins par quelque en-
    droit
    Confole les Dieux miférables
    De tant de Monftres qu'on y voit;
    Et que vous autres Perronelles,
    Par un complot fait entre vous,
    Ne fouffrez ici parmi nous
    Qu'afin de paroître plus belles.

M I N E R V E.

Mon Dieu, ne vous emportez pas:
D'un tel Aftre avec tant d'appas

                                                    fe

Je crains ici les conséquences;
Et pour les Hommes de là-bas
Les dangereuses influences.

C U P I D O N.

Là, là, vôtre virginité
Pallas n'a pas toûjours été
Si scrupuleuse & si modeste:
Et le Mont Ida vous a vu
Comme aux autres montrer le cu,
Et cacher assez mal le reste.

V E N U S.

Si tôt qu'on verra dans les Cieux
Ce phénomène radieux
Fournir avec éclat sa nouvelle carriére,
Sans s'en informer autrement,
Les Hommes abusez croiront assûrément
Que je leur montre mon derriére.

V U L C A I N.

Et, d'où vous vient, mon chien de cœur,
Cette surprenante pudeur,
Inconnuë à vôtre famille?
Vous, de qui les attraits naissants
Furent vûs de tous les passants
Au sortir de vôtre coquille?
Qui de vos charmes à choisir
Régaliez les Dieux & les hommes,

Fort

Fort souvent pour vôtre plaisir,
Quelquefois même pour des pommes.
Taisez-vous & n'ayez pas peur
Que l'on vous fasse tant d'honneur,
De prendre ce cu pour vos fesses.
Il a trop de mérite & sa vive blancheur
Fait honte aux plus beaux cus des plus belles
   Déesses.

JUNON.

Quoi ! rien ne vous corrigera,
Et le tems, Jupiter, ne peut vous rendre sage ?
   Fi, fi ; devez-vous à vôtre age
   Songer à ces sottises là ?
   Me prenez-vous pour une bête ?
De vos folles Amours, on n'est que trop instruit.
On sait qu'Iris vous plaît & vous tient à la tête.
   Et ce cu qui fait tant de bruit,
Malgré tous ses attraits, n'est qu'un prétexte hon-
   nête,
   Pour avoir tout ce qui s'enfuit.
Ne vous souvient-il plus quelle fut la vengeance,
Que je pris autrefois du Berger Phrigien,
Pour avoir seulement eu de la complaisance
   Pour un autre cu que le mien ?
   On dit que je fis l'enragée,
Et que sa race & lui perirent malgré vous.
Mais si ce n'est assez pour craindre mon courroux
Songez à ce que peut une femme outragée
   Pour se venger de son Epoux.

JUPITER.

La menace eſt honnête à faire :
Mais le ſtile emporté ne vous eſt pas nouveau.
Vous ne ſerez jamais qu'une franche commére,
    Et vous mourez dans vôtre peau.
Pourquoi me reprocher des fautes pardonnées ?
Je ne ſuis à preſent que de trop bonne foi :
Et l'on ſait que depuis plus de deux mille années
    Je n'ai point fait parler de moi.
Il n'eſt plus de Beautez qui par des yeux coupa-
        bles
Partagent avec moi les plaiſirs de mon lit ;
    Et mes debauches véritables
Sont ſi vieilles helas ! que tout ce qu'on en dit
    Ne paſſe plus que pour des Fables.
    Appaiſez vos ſens mutinez ;
La Belle aux yeux de Bœuf, on voit ce qui vous
        fâche ;
    Vôtre vanité veut qu'on cache
    Un cu plus beau que vôtre nez.
Mais il eſt tems enfin que ce debat finiſſe :
A ce cu comme à vous nous devons la juſtice.
    Rongez vôtre frein à loiſir.
Vous ne me verrez point ſelon vôtre deſir
Sacrifier en fol à vôtre vain caprice
    Son merite & nôtre plaiſir.
Peut-être que le nom n'en eſt pas fort honnête :
D'accord. Mais qu'à cela perſonne ne s'arrête.

Si

Si nous n'avons befoin que de termes nouveaux,
Pour contenter ici la pudeur de nos belles,
    Qu'on le place auprès des Jumeaux,
    Et qu'on le nomme *les Jumelles*.

M O M U S.

    Qu'ils feront furpris plaifamment,
Quand à l'obfervatoire ils verront la figure
    Et le bizare mouvement
    D'un Aftre de cette nature !

Si vous faites quartier à Mr. Pavillon, vous n'aurez peut-être pas tant d'indulgence pour Mr. le Pais. Vous allez vous joindre à Mr. Defpreaux & dire dedaigneufement.

Le Païs fans mentir eft un boufon plaifant.

Je me figure même que vous le ménagerez moins que n'a fait le nouveau Juvenal, & qu'il n'y auroit point de pardon à attendre de votre part pour un homme qui fe feroit émancipé de vous écrire une lettre du caractére de celle-ci, après vous avoir vû toute nuë.

Lettre

Lettre de Mr. le Païs à Califte.

ENfin, Califte, toutes vos rufes ont été inutiles. Je trouvai hier au foir le lieu où vous vous baignâtes, & pour cela vos menaces n'ont point eu d'effet. Le malheur d'Actéon ne m'eft point arrivé, quoi que j'aye vû quelque chofe de plus beau que Diane toute nue. Mais, de grace, pourquoi tant de foin à vous cacher? En vérité vous ne montrâtes point de parties honteufes; & s'il en parut, ce furent les genoux & les autres membres de vôtre fœur & de votre coufine, qui devoient être honteux de paroitre en prefence des vôtres, mais pour vous, quoi que vous montraffiez tout, vous ne montrâtes rien qui ne foit beau, rien qui ne vous foit glorieux. Je reconnus alors que les parties que vous teniez cachées, ne cédoient point à celles que vous laiffiez voir, & je demeurai d'accord en moimême, qu'il y avoit bien des Belles qui auroient plus de raifon à fe cacher le nez, que vous n'en avez à cacher vos feffes. Si vous aviez vêcu du tems qu'à Syracufe on dedia un Temple à Venus aux belles feffes, vous euffiez été la Déeffe de ce Temple, chacun vous y eût porté fon offrande, & vous fut allé baifer au cu, fuivant la cerémonie qui y étoit obfervée. Pardonnez-moi, Califte, cette citation, elle eft trop à propos pour être condamnée.

née. Comme de ma vie je n'ai rien vu de
fi beau que vous, en l'état où vous étiez
hier au foir, il n'eft point d'expreffion
dont je ne vouluffe me fervir, pour vous
faire voir que j'ai de vôtre beauté tous les
fentimens que je dois avoir. Si j'étois
en mon humeur poëtique, je vous jure-
rois ici, qu'hier au foir le Soleil avoit
quitté la mer Oceane pour venir coucher
dans la riviére de. . . . . . . O Dieux !
combien il me prit d'envie de m'aller jetter fur vous à corps perdu, & de tenter
l'avanture de la Nymphe Salmacis ! Mais
ce font des premiers mouvements qui
font pardonnables, parce que l'on n'en
eft pas le maître. Je fis réfléxion fur mon
deffein & ne laiffai pas de vous craindre
quoi que vous fuffiez nuë & defarmée;
qu'apparemment vous n'euffiez ce maudit
poinçon dont vous puniffez fi fouvent mes
petits emportemens. Au refte Califte, il
vous eft plus avantageux que vous ne
penfez, que je vous aye vue en cet état,
parce que je ne vous condamnerai plus,
quand vous ferez la rencherie, & que je
demeurerai d'accord avec vous, que vous
avez des tréfors qui meritent bien d'être
gardez & dont vous avez fujet d'être glo-
rieufe. Après avoir vu la beauté de votre
corps, on ne peut pas s'empêcher d'ap-
prouver la fierté de vôtre efprit. Ainfi,
Califte, ne vous fâchez point contre moi
de la liberté que j'ai prife de vous aller
voir, puifque vous en retirez un fi grand
avantage.   ju-

Jugez, Madame, fi le Bourgeois de campagne dont je vous vais parler, ne favoit pas mieux le jufte prix d'un derriére que tous ces beaux Efprits, fuffent-ils fondus enfemble? Deux Païfans qui n'avoient rien de groffier que l'habit, alloient un Dimanche à l'Eglife en tems d'hiver. Le chemin étoit gliffant & l'un d'eux tomba fi rudement fur fon derriére, que s'il eût été de verre, il fe fut caffé en mille piéces. Après s'être relevé, regardant dédaigneufement le pavé, il lui dit; tu es bien orgueilleux de ne me vouloir pas porter. Tu te trompes, mon ami, répondit l'autre. Si le pavé étoit bien orgueilleux, il ne t'auroit pas baifé le cu. Faut-il, Madame, qu'un homme de cette trempe faffe de leçons à ces grands Genies?

Leurs partifans ne manqueront pas de les défendre & d'affûrer qu'ils n'ont entrepris de louër les cus que pour montrer la force de leur Rhétorique. Ils fe tuëront d'alleguer l'exemple de plufieurs grands Hommes qui ont choifi des fujets très-fots & quelquefois très-odieux. Ils diront que Virgile a fait l'éloge du moucheron, Ovide celui de la puce, Phavorin celui de la fievre quarte, Synefius celui de la chauveté, Erafme celui de la folie, Pikheimerus celui de la goute, Glaucus celui de l'injuftice, Cardan celui de Neron, Heinfius celui de l'ane, Pagenftecher le Fils celui de la barbe. Que répondre à cela?

cela? Si nous venons à bout de prouver
que cette Kirielle de beaux Efprits n'efFace pas encore l'obfcénité d'un fujet auffi
vilain qu'un cu ; leur pis-aller fera de re-
partir que comme un homme qui s'eft eny-
vré une fois ne mérite pas d'être appellé
yvrogne, & que celui qui fait une folie
n'eft pas un fou pour cela, de même on
ne peut pas d'abord conclure qu'un Auteur pour avoir donné une légére atteinte
au *decorum*, doive paffer pour un homme dangereux. Pardonnons leur Madame, ces petites fredaines. Peu s'en faut
que je ne me repente de ne vous avoir
pas demandé une amniftie pour eux dans
nôtre capitulation.

F I N.

CATALOGUE

de quelques

LIVRES FRANCOIS,

Dont on trouve nombre

Chez J E A N P A U L I.

A Mufemens Hiftoriques, 2 vol. 12.
Avantures de Zelim & de Damafine, 12.
Arlequiniana, 12. Nouv. Edit. 1735.

Anecto-

CATALOGUE.

Anecdotes Galantes & Tragiques de la Cour de Ne-
    ron, 12.

—————— *de la Cour de Philippe Auguste*, 12.

—————— *Persanes par Mad. de Gomez*, 12.

Bibliothéque des gens de Cour, 5. vol. 12.

Bombardier François par Belidor, 4. 1734.

Contes a rire & Avantures plaisantes, 8. fig.

Conseils de la Sagesse, 2 vol. 12.

Conjuration de Nicol. Gabrini, dit de Rienzi Tyran
    de Rome, 12.

Cuisinier Royal & Bourgeois, avec le Confiturier,
    3 vol. 12.

Dictionaire de la Langue Françoise de P. Richelet,
    2 vol. 4.

Discours de la Poudre de Sympathie par Digby, 12.

Entretiens Physiques d'Ariste & d'Eudoxe par le R.
    P. Regnault, 4 vol. 12.

—————— *Historiques & Critiques de Philarque &*
    Polidore par la Brune. 8.

L'Existence de Dieu demontrée par les merveilles de
la nature par B. Nieuwentyt, 4.

Etat du Siege de Rome, 12.

—————— *Present de la Republique des Provinces Unies*
par Janicon 2 vol. 12. Haye 1729.

—————— *Militaire de l'Empire Ottoman par Marsilly*,
    fol. 1732.

Eloge de la Folie par Erasme, 8. Amst. 1728.

Essai sur les erreurs Populaires par Browne, 12. 1733.

Exposition Anatomique du corps humain pr. Winslow, 12

Fables Heroïques par Audin dediées au Prince des
    Asturies, 2 vol. 8. Amst. 1720. fig.

—————— *Choisies de la Fontaine, V. vol. 8. Amst.* 1728. fig.

Geographie Physique par Wodward, 8. Amst. 1735.

le Geomyler, 12. Amst. 1729.

Heroine Mousquetaire, 12. Amst. 1723.

Honnéte Homme & le Scelerat, 12.

Histoire Evangelique dans son ordre Naturel par du Vi-
    vier, 4.

Histoire

CATALOGUE.

Histoire de l'Eglise & du Monde de l'XIe. Siecle par Pictet, 4.

—— Politique & Amoureuse du Cardinal Porto-carrero, 12.

—— de Jean Fauste, Grand Magicien, 12.

—— Ecclesiastique par Fleury, XXXII. vol. 12. Bruxell.

—— Et la Religion des Juifs Reclamée par Basnage, 12.

—— de la Vie de J. Christ., 12. Brux. 1698.

—— Justifiée contre les Romans par Lenglet, 12. 1735.

—— de la Medecine par le Clerc, 4. Amst. 1723.

—— de la Milice Françoise par le P. Daniel, 4.

—— Physique de la Mer par le Comte de Marsilly, fol.

—— d'Hyppolite Comte de Duglas, 8 Haye 1726.

—— de Polybe par Mr. de Folard, VI. vol. 4. Amst. 1729.

———————————— dito, Grand Papier, 4.

—— de la Fable Conferée avec l'Hist. Sainte 12. 1731

—— de Charles XII. Roi de Suede par Voltaire, 8. Amst.

—— de Dannemarc, avant & depuis l'établissement de la Monarchie par des Roches, 12. Ibid. 1730.

—— des Ordres Militaires ou des Chevaliers du Clergé seculier & Regulier & les Vies des SS. Peres des Deserts, XII vol. cplt 8.

—— du Theatre François, depuis son Origine jusqu'à present, 8 1735.

Jugemens des Savans sur les Principaux Ouvrages des Auteurs, VIII. vol. 4. Amst. 1725.

——————— dito, XVII. tomes, 12. Ibid. 1725.

Jesuites mis sur l'Echaffaut, 12.

Iliade d'Homere par Dacier, 12. Paris 1711.

Je ne sai quoi par Mr. Catier de St. Philip. 2 vol. 12. Utrecht.

Memoires de Brazey Comte de Lion, 3 vol. 8. Amst. 1735.

—— du Comte de Comminville, 12.

Et plusieurs autres Livres.

Beaux yeux pour qui je meurs, de vos divins apas,
Si je parle un peu trop, ne me punissez pas.

LES TETONS,

OUVRAGE CURIEUX, GALANT ET BADIN,

Composé pour le divertissement d'une Dame de qualité.

Par * * * * * * * *

On a ajoûté à ce traité les

POESIES DIVERSES

Du Sr. du COMMUN.

A AMSTERDAM,

Chez JEAN PAULI

M. DCC. XXXIV.

A MADAME

La Comtesse de C.

MADAME.

VOus vous étonnerez de
ce que je prens la liber-
té de vous dédier cet Ouvrage. Je me trouve moi-même
plaisant d'oser vous faire un
present de cette nature. Un
des motifs qui m'y a porté,
c'est le dessein de vous diver-

*

tir;

tir ; & je me suis flatté de reüssir, parce que mon livre n'a pas été indifferent à la Dame pour laquelle je l'ai fait, qui cependant de l'aveu des Connoisseurs, feroit la personne la plus spirituelle du monde si vous n'y étiez pas. Mais, Madame, je vous a-voüe ingenûment que ce n'est pas là le grand mobile de ma témérité. Le voici. Il y a plusieurs années que je suis admirateur de vos éminentes qualitez, sans avoir pû trou-ver aucune occasion de vous le dire. Pensez, Madame, quel supplice c'est qu'une con-trainte si violente & qui a duré si long-tems. Figurez
vous

vous le plaifir qu'il y a de s'en
delivrer tout d'un coup. A-
près cela, Madame, mon
procedé n'eft-il pas excufa-
ble ? fouffrez donc patiem-
ment que je vous déclare ici
que je fuis enchanté de vos
perfections, & qu'elles m'o-
bligent à être avec un très-
profond refpect,

MADAME,

Vôtre trés-humble & très-
obeïffant ferviteur.

SONNET.

L'Auteur du Traité des Tetons
Chante si haut sur la matiére,
Qu'il donneroit musique entiére
S'il descendoit de quelques tons.

Mais comme sa Muse est altiére,
Il n'ira pas chez ses Martons
Chanter leurs tourelontontons
De là jusqu'à la jarretiére.

Si cependant de haut en bas
Il alloit pousser ses ébats,
L'on entendroit belle harmonie.

Venus peinte par tous ces traits
Feroit éclatter mille attraits
Dans une telle Anatomie.

P A R

C. L. D'Ar...

LES TETONS.

CHAPITRE I.

Qui servira de Préface si l'on veut.

Ous m'avez ordonné, Madame, de faire un petit traité *des Oreilles* pour servir de suite à ceux qui portent le titre *les Yeux* & le *Nez*. Le sujet que vous me prescrivez est beau & riche, mais je n'ai osé me déterminer à mettre la main à l'œuvre veu qu'il y a de l'apparence que l'Auteur des deux livrets dont je viens de parler, travaillera sur les cinq sens. C'est cependant à regret que je vous desobeïs. Je serois même ravi d'avoir été le premier qui eût suivi le plan qu'il s'est formé. Je me fusse fait un vrai plaisir de vous divertir innocemment par des traits de morale & de galanterie.

A   J'ai

J'ai leu Gracian auſſi bien que le Panegiriſte *des Yeux* & *du Nez*, & les ouvrages galants des François & des Italiens, me ſont aſſez familiers. Sur l'article *des Yeux* je vous aurois dit entre autres choſes avec Gracian, qu'ils opérent avec une action ſi étenduë & ſi abſoluë, qu'ils ſemblent poſſeder une ſouveraine puiſſance qui produit dans l'ame autant d'effects differents qu'ils s'attachent differemment aux objets. J'aurois d'ailleurs fait reflexion ſur une choſe; c'eſt qu'encore qu'ils voient tout, ils ne ſauroient ſe voir eux-mêmes, ni s'appercevoir de la moindre tache qui très-ſouvent les aveugle; qu'ils ſont en cela ſemblables aux ignorants qui voient tout ce qui ſe fait dans les maiſons d'autrui & qui ne voient rien chez eux. J'aurois excuſé la Nature de les avoir faits ainſi, en ce que plus ſage que nous elle a prevû de grands inconvenients & qu'elle a craint que les fats ne devinſſent amoureux de leurs beaux yeux. Si on venoit à m'objecter comme *Andrenio* fait à *Critile*, que pour voir toutes les choſes que nous devons voir, deux yeux ne ſont pas ſuffiſants, ſur tout étant ſi proches l'un de l'autre; que comme les yeux ſont des meubles infiniment néceſſaires il ne pouvoit y en avoir trop; qu'en tout cas & ſi la ſimetrie n'en pouvoit ſouffrir que deux, il falloit du moins en mettre un par devant & l'autre par derriére, afin de voir de tous les côtez en même tems. Je répondrois hardiment, qu'à la vérité quelques-uns avoient ici blamé la Nature de ſon peu d'attention, qu'ils avoient feint un homme parfait à leur goût à qui ils donnoient une double vuë, c'eſt-

à-dire,

à-dire, deux visages & quatre yeux, placés de
tous les côtez & au dessus des oreilles, fort
ouverts & fort grands afin de mieux voir ce
qui les approche, & de ne pas tomber dans
les piéges qu'on lui tend de toutes parts; mais
j'ajoûterois que ces Messieurs ne savoient pas
que deux yeux bien emploiez suffisent : en effect, ils voient directement & à côté; & pour
peu qu'on soit attentif & qu'on tourne la tête,
l'on découvre d'une œillade tout ce qui est
dérriere. Quoi qu'il en soit, rien ne peut être
mieux que cette construction; d'autant que les
hommes doivent faire leur capital de regarder
toûjours devant eux & en haut, & si cela étoit
autrement & que les deux yeux pussent regarder séparement & differemment en même tems,
il arriveroit que pendant que l'un se hausseroit
vers le ciel, l'autre s'abaisseroit vers la terre.

J'aurois amplifié ces moralitez; j'y en aurois
ajoûté quantité d'autres lardées de beaux mor-
ceaux de Poësies galantes, quand je serois venu
à parler des yeux du sexe & sur tout du charme
des vôtres. Je vous aurois, par exemple ad-
dressé ce Sonnet en Bouts-rimez.

Sonnet en Bouts-rimez.

Au dessus d'un poltron ce qu'est le brave

———— stoup,

Ce qu'est un tems serein après un sombre o-

———— rage,

Un heureux célibat auprès d'un lourd mê-

———— nage,

A 2Un

Un généreux Lion auprès d'un cruel

                               —— loup.

    Ce qu'est un Prince actif qui travaille

                             —— beaucoup

Près du Fantôme vain qui régne aux bords du

                             —— Tage,

Ce qu'est Louïs le Grand toûjours vaillant &

                             —— sage,

Au dessus de N ** qui fuit au premier

                             —— coup;

    Ce qu'une belle main est auprès d'une

                             —— griffe;

Au dessus d'un Curé ce qu'est le saint

                             —— Pontife,

Ce qu'est le Val de Grace auprès de la

                             —— Merci;

    Vous l'êtes au dessus de toute autre

                             —— femelle

Vous faites cent captifs d'un seul coup de

                             —— prunelle

Et de tels, que l'Amour est votre esclave

                             —— aussi.

Et encore celui ci.

Sonnet en Bouts-rimez.

Contre les yeux d'Iris en vain l'on fait

                             —— bivouâc,

                             Ils

Ils sont plus redoutez que les Mores

——— d'Afrique,

Et quand on pousseroit des soupirs en

——— Musique,

Ce ne seroit enfin qu'un importun

——— micmac.

Ils lancent plus de feu qu'une pipe à

——— tabac

On auroit beau près d'eux faire le

——— politique,

Car quand un cœur seroit plus dur que n'est la

——— brique,

Ils se mettroient en cendre &

——— ab hoc & ab hac.

Encore que l'on crie au secours, au

——— remède,

A moins que l'on ne soit plus beau que

——— Ganimède,

Tout ce que l'on peut faire est un foible

——— rebus,

Je m'en apperçus bien en mangeant son

——— éclanche,

Ah ! plût au juste ciel quand je la vis

——— dimanche,

Qu'Iris ne m'eût montré que des yeux de

——— bibus,

Je vous aurois de plus dépeint la foiblesse de
mes yeux, ou plutôt celle de mon cœur par le
Sonnet en Bouts-rimez qui suit.

A 3

Son-

Sonnet en Bouts-rimez.

Pour avoir vû Philis feulement en
      —— paſſant,
Leſte, propre en habits comme une
      —— Financiére,
Je languis inquiet, plus maigre qu'un
      —— harang
L'on diroit que fur moi s'exerce une
      —— forcière.

Mon tourment eſt plus grand que n'eſt le mal
      d'—— Enfant,
Je vais le grand galop tout droit au
      —— cimetiére
S'il faloit pour lui plaire abbattre un
      —— Elephant,
J'irois jufqu'en Afrique avec la
      —— bandoliére.

Je chanterois fa gloire en fameux
      —— Muficien,
Et plus fier que n'eſt pas un noble
      —— Venitien,
J'irois en Conquerant aſſieger
      —— Pampelune.

Mais les vœux que je fais pour fa peau de
      —— fatin,
N'ont guéres plus d'effet que les cris d'un
      —— matin,
      Qu'on

Qu'on entend dans la nuit abboïer à la

———— Lune.

Dans la differtation que j'aurois faite fur les oreilles , j'aurois emprunté également les reflexions ingenieufes de Gracian & d'autres, auxquelles j'aurois joint les miennes. Je me ferois agreablement amufé à vous mettre devant les yeux les fentimens de ceux qui foutiennent que la Nature a mal placé les oreilles , qui trouvent à redire qu'elle les ait mifes aux côtez, parce qu'il femble que c'eft avoir trop donné de facilité à l'entrée du menfonge qui ne va jamais que de côté, & qui croient qu'il auroit mieux valu que les yeux euffent été au deffous afin de regarder d'abord ce qu'on eût voulu dire ou entendre.

J'aurois expofé une autre chofe que ces Critiques trouvent mal ordonnée ; c'eft que la Nature ait mis les yeux fi près de l'ouïe. Ils difent que cela fera qu'il ne reftera aucune vérité dans le monde; il falloit, ajoûtent-ils, mettre les oreilles derriére le cerveau , en forte que l'homme pût entendre ce qu'on dit de lui en derriere , qui eft ordinairement la vérité.

J'aurois répondu à cela que l'ouïe eft parfaitement bien placée, d'être au milieu & non par devant, afin de n'entendre pas par anticipation & que la conception foit plus facile.

J'aurois encore levé une troifiéme difficulté qui les embaraffe. Comme les yeux portent toûjours avec eux leurs rideaux , c'eft-à-dire leurs paupiéres placées à propos pour n'être vûs ni voir que quand il leur plaît, ils voudroient

auffi

aussi que les oreilles eussent une portiére épaisse, afin de n'entendre que ce que l'on voudroit, & qu'on se deliberât de cette maniére, de beaucoup de sotises & de discours ennuieux. Ces Messieurs ajoûtent qu'ils ont raison d'accuser en cela la Nature de négligence, particuliérement quand ils voient qu'avec beaucoup de raison elle a renfermé la langue entre deux murailles comme une furieuse, ne lui laissant qu'un seul passage, outre qu'il y a une grille de dents & des lévres qui lui servent de portes.

J'aurois fait appercevoir à ces Censeurs pourquoi les yeux & la langue ont cet avantage sur l'ouïe. C'est à cause qu'il la faut toûjours laisser en toute liberté, d'autant qu'elle sert d'entrée aux Sciences; ainsi les portes en doivent toûjours être ouvertes: & non seulement la Nature ne fut pas contente de lui dénier cette barriére qu'ils souhaitent, mais aussi elle refusa à l'homme seul entre tous les autres animaux la faculté de baisser & de hausser les oreilles; elles sont toûjours immobiles, elles donnent audience à toute heure, jusque là même que quand l'ame prend son repos, ces surveillantes sentinelles veillent & font le guet pour éviter les dangers de la nuit; elle dormiroit sans cela avec assoûpissement, rien ne pouroit la réveiller.

Il y a encore cette différence entre la vuë & l'ouïe, que celle-là cherche les choses quand il lui plaît, & que les choses cherchent celle-ci; que les objets de la vuë sont réels, permanents & se peuvent voir en tout tems; au lieu que ceux de l'ouïe volent & s'échapent sans cesse : il est bon que la langue soit doublement

ren-

renfermée & les oreilles toûjours ouvertes, d'autant que l'ouïe doit au moins doubler les fonctions de la langue

Il est vrai que la moitié, & même plus des trois quarts des choses qui s'entendent font impertinentes & souvent préjudiciables, mais contre ce mal il y a un remède, qui est de faire le sourd, faculté qui est en notre pouvoir & fort à notre avantage. C'est aussi le parti que les sages prennent, car il y a quelquefois des discours si extravagants & si pleins de pauvretez, qu'il vaut mieux se boucher les oreilles des deux mains que de les entendre. Le serpent nous enseigne parfaitement ce secret, car il colle une oreille à la terre & se bouche l'autre avec le bout de sa queuë; c'est de cette maniére qu'il se garantit du bruit importun.

Après tout, je ne saurois nier absolument qu'un volet ne fût fort nécessaire en chacune des oreilles, comme une garde pour empêcher qu'il n'y entre si librement tant de cruels ennemis, tant de sifflements venimeux, tant de chants trompeux, tant de flatteries & de blasphêmes; & c'est pour cét effet que la Nature a formé les oreilles comme un tuïau visqueux & gluant où s'attachent les paroles; elles y entrent comme par un entonnoir, & si vous le remarquez, il semble qu'elle a prevenu tout inconvenient en disposant cét organe en forme de labirinthe afin que les paroles y demeurent collées.

Au reste il ne faut pas croire avec le vulgaire, que cette liqueur amére & gluante qui s'arrête dans l'oreille n'y soit que pour empê-

A 5

cher

cher la vermine d'y entrer, ou de l'y attacher jusqu'à ce qu'elle perisse. Non, la Nature a regardé plus loin, elle a prevû encore des accidents plus pernicieux & voulu en détourner les suites : les paroles douces & emmiellées prennent en passant dans cette liqueur un goût d'amertume qui devient une nécessaire précaution ; les douces tromperies des flatteurs s'y arrêtent, ce qui donne le tems à la prudence de s'en appercevoir & de rendre l'esprit capable de modération.

Voila comme j'aurois pillé Gracian, j'én aurois pillé plusieurs autres & à force de lieux communs, il se feroit formé un livre à la tête duquel j'aurois arboré ce tître : *les Oreilles.*

Pour ce qui est d'un traité du Nez, je doute que je l'eusse disposé, comme a fait l'Auteur qui a travaillé depuis peu sur cette partie du corps. La bizarrerie de son ouvrage m'a fait rire de bon cœur.

Je suis curieux de voir de quel air il va parler du *goût* & du *toucher*, s'il vient à raisonner sur ces deux sens. Il est vrai qu'il y a du risque pour lui de mêler dans ces deux discours autant de galanteries qu'il en a mises dans ceux *des yeux & du Nez.* J'ai appris que la Nation des Theologiens de son païs s'est fort recriée sur les libertez qu'il a prises, & qu'elles ont failli à gâter la fortune de ce jeune Proposant. Pour moi je condamne ces Messieurs de se câbrer pour des badineries aussi innocentes que celleslà, & de faire le procez, comme dit Boileau, à quiconque ose rire.

Je vous promets, Madame, que si l'Auteur
dont

dont je viens de parler se rebute & qu'il rengaine les trois sens qui lui restent à traiter, je
vous addresserai trois petits discours sur ces trois
chefs d'œuvres de la Nature; mais, Madame,
je vous prie de taire mon nom aussi constamment que je tairai le votre.   Les Theologiens
sont à craindre, *exemplis patet*, & pour être à
couvert de leurs coups, il est bon d'être *inco-
gnitò* dans le monde.

En attendant que je sache à quoi me déterminer là dessus, je vous vais entretenir d'un sujet choisi entre mille.

C H A P. II.

Des Tetons; de leur pouvoir & de leurs charmes.

JE m'étois d'abord proposé de faire un traité
sur les avantages du teint blanc sur le brun.
Votre teint & ces deux chansons de Marot
m'en avoient fourni l'idée.

Chanson pour la Brune.

Pourtant que je suis brunette,
Ami, n'en prennez émoi,
Autant suis ferme & jeunette
Qu'une plus blanche que moi.
Le blanc effacer je voi,
Couleur noire est toûjours une.
J'aime mieux donc être brune
Avecques ma fermeté,

Que

Que blanche comme la lune
Tenant de légéreté.

Chanson pour la Blanche.

Pourtant si le blanc s'efface,
Il n'est pas à déprifer:
Comme lui le noir se passe
Il a beau temporiser.
Je ne veux point méprifer,
Ni médire en ma revanche:
Mais j'aime mieux être blanche
Vint ou trente ans ensuivant
Et beauté naïve & franche
Que noire tout mon vivant.

J'aurois suivi ce plan, mais j'ai crû que de raisonner simplement sur des couleurs tandis qu'il y a tant d'autres beautez plus solides dans votre personne, ce seroit en quelque manière mal employer mon tems & abuser de l'audience que vous donnez quelquefois à mon esprit en lisant mes foibles productions. Ce n'est ni de vos pieds mignons, ni de vos belles mains potelées, ni de vos yeux brillants, ni d'aucune partie de votre charmant visage que j'ai envie de vous parler. Ne tremblez point dans l'attente d'un sujet qui vous pouroit faire rougir. Je suis du sentiment de Marot que je viens de citer, quand il dit.

Arriére mots qui sonnent salement.
Parlons aussi des membres seulement

Que

Que l'on peut voir sans honte découverts,
Et des honteux ne souillons point nos vers.
Car quel besoin est il mettre en lumiére
Ce qu'est Nature à cacher coutumiére ?

Pour ne vous pas laisser plus long-tems dans l'incertitude , c'est des Tetons que ma plume est grosse d'écrire. Ce sujet est beau, ce sujet est grand. Il a exercé les génies les plus élevez. Le Cavalier Marin dit que les Tetons des Belles sont deux tours vivantes d'albâtre d'où l'Amour blesse les Amants: il les compare à deux écueils contre lesquels nos libertez vont agréablement faire naufrage : il les appelle deux mondes de beautez éclairez par deux beaux Soleils qui sont les yeux. Un François guére moins ingenieux que le Cavalier Marin, mais moins magnifique dans ses peintures, les nomme deux pommes dans une de ses chansons & je me souviens qu'il ajoûte,

> Heureux qui peut monter sans bruit
> Sur l'arbre qui porte ce fruit.

Si Mr. de Cirano Bergerac a mauvaise grace, selon quelques uns , de trouver mauvais que *quand les Ecrivains Modernes veulent peindre ou former une beauté parfaite, l'or, l'ivoire, l'azur, le corail, les roses & les lis soient les materiaux de leur bâtiment* ; il n'a pas plus de raison, à mon avis, de les tourner en ridicule, en ce qu'*ils clouënt les etoiles dans les yeux des Belles & qu'ils dressent des montagnes de neige à la place de leur sein.*

En

En effet , ces expreſſions pompeuſes ſont
dignes de ces grands objets , & le ſein des Dames a des charmes & des attraits qui ſont encore au deſſus de ceux de leurs yeux. C'eſt ce
que le Sr. Cotin fait connoître par ces vers ſur
une belle gorge.

Vers Libres.

Dans l'entretien délicieux
De la charmante Iris, dont je ſuis idolâtre,
  Va, poſe Amour ſur ſes beaux yeux
Le voile qu'elle a mis ſur ſa gorge d'albâtre.

Quand le Printems a banni la froidure,
  On ne voit point de ſi beaux lis
  Aux jardins les plus embellis,
Par les ſoins curieux qu'apporte la Nature.

Depuis que de mon cœur je fis l'heureuſe perte,
  J'ai bien viſité des climats,
En dépit des chaleurs, en dépit des frimats
Et ſi je n'ai point fait de telle découverte.

  Pour voir un objet ſans pareil
Il ne faut point courir ſur tant de mers profondes
  Ni voir l'un & l'autre Soleil;
  Il faut voir ces deux petits mondes.

Et pour rendre d'un ſort tout l'Univers jaloux,
Il ſuffit qu'à des yeux leur blancheur on étale;
L'Aurore n'offroit rien à l'amoureux Cephale,
  De ſi charmant & de ſi doux.

Que

Que si sans leur déplaire on osoit les toucher
Et que deux belles mains n'y fissent point d'obstacle,
  Seroit ce pas par un miracle
  Amollir un cœur de rocher?

Dans l'entretien delicieux
De la divine Iris, dont je suis idolâtre,
Amour en ma faveur viens mettre sur ses yeux
Le voile qu'elle a mis sur sa gorge d'albâtre.

  Les beaux Tetons, avoient tant d'émpire sur le cœur de Mr. Boursaut, que pour les avoir vûs au travers d'un linge, il devenoit amoureux à la folie. C'est ce que vous prouvera ce beau morceau d'une lettre qu'il écrivit autrefois à M. Charpentier. ,, Je vous ai fait promettre qu'a-,, près diné nous irions ensemble chez la belle ,, brune avec qui nous jouâmes hier au logis de ,, Madame Des-houlieres: Mais je vous dispen-,, se de me tenir parole, à moins que vous ne ,, me donniez caution bourgeoise pour la sure-,, té de ma personne. Ce n'est pas que je dûs-,, se rien apprehender pour ma liberté. De-,, livré de la tirannie d'une blonde, qui m'a fait ,, soupirer quinze ou seize mois pour neant, ,, j'ai fait serment de ne tomber de ma vie en ,, de pareilles fautes; mais du tems de ma pre-,, miére servitude il m'est échapé tant de ser-,, ments & j'en ai tenu si peu, que je n'ose plus ,, me mettre au hazard de jurer de rien. Je ,, trouvai hier votre brune si bien faite, ses ,, yeux me parurent si brillants, sa bouche me ,, parut si petite; sa gorge, que je ne vis que par ,, les yeux de la foi, est je crois si belle, que si

,, vous

,, vous n'euffiez arraché ma vuë de deffus fes
,, charmes, quand vous me fites fouvenir qu'il
,, étoit tems de nous en aller, je fentois déja ce
,, que je fentis la premiére fois que je commen-
,, çai d'aimer. Mon cœur, que j'ai fait le gar-
,, dien de ma franchife, m'a tant joué de tours,
,, que fi tantôt je vous accompagne à la vifite
,, que vous avez deffein de rendre je gage que
,, j'en reviens auffi chargé d'amour que fi on le
,, donnoit *pro Deo*.

Le même Auteur faifant à fa Maitreffe le
portrait d'une Belle, marque très-fenfiblement
la victoire affûrée que remporte une belle gorge
fur une ame mafculine. ,, En verité Babet,
,, dit-il, fi tu ne reviens bientôt de Bagnolet,
,, tu cours rifque de ne me pas trouver conftant
,, à ton retour. On me mena hier au bal où
,, je trouvai une Demoifelle qui n'a guéres
,, moins de belles qualitez que toi. Elle a les
,, cheveux d'un blond cendré qui eft tout-a-fait
,, beau, mais qui n'approche pourtant pas de la
,, couleur des tiens. Elle a le front grand &
,, élevé mais le tien l'eft encore d'avantage. Ses
,, fourcils qui ne paroiffent prefque point à cau-
,, fe qu'ils font blonds, fe montrent toutefois
,, affez pour faire remarquer que leur fimetrie
,, eft la plus reguliére du monde. Ses yeux qui
,, font auffi noirs que les tiens font bleux, font
,, fi bien fendüs, qu'ils ne jettent jamais un re-
,, gard fans faire une conquête. Ils ont autant
,, de vivacité que les tiens ont de douceur &
,, ils femblent être faits pour prendre de l'a-
,, mour comme les tiens font faits pour en don-
,, ner. On voit fur fes jouës une nuance de
,, blanc

,, blanc & d'incarnat, mais si éclattante, qu'il
,, semble qu'elle tienne des mains de l'art un
,, present qui ne vient que de celles de la Na-
,, ture, qui a tant pris de peine après elle, que
,, sans toi, qui est son chef-d'œuvre, elle seroit
,, le plus beau de tous ses ouvrages. Son nez
,, qui n'est ni trop grand ni trop petit est jus-
,, tement comme il faut qu'il soit pour avoir
,, beaucoup de ressemblance avec le tien. Sa
,, bouche qui n'est pas si petite que la tienne,
,, est plus petite qu'aucune autre que j'aie ja-
,, mais vuë. Elle a les lévres si fraîches & si
,, vermeilles que depuis ton absence je n'ai rien
,, envisagé de plus charmant. Et pour ses dents,
,, elles sont si blanches & si bien rangées, que
,, je lui fis cent contes risibles pour avoir le
,, plaisir de les voir souvent. Le trou qu'elle
,, a au menton, me fait souvenir qu'elle en a
,, encore aux jouës, ce qui donne une merveil-
,, leuse grace au reste de son visage, & pour
,, sa gorge on peut dire,

,, Que c'est là que l'Amour, pour tirer tous ses
           ,, traits,
,, Entre deux monts d'albâtre s'est campé tout
           ,, exprès.

,, Je te jure Babet, que je n'ai jamais rien
,, vû de si aimable : & si mon galerien de
,, cœur, qui n'échappe jamais d'une chaîne que
,, pour entrer dans une autre, ne se contentoit
,, de la gloire de tes fers:

,, Ma constance ébranlée alloit faire naufrage.
                  B   Ne

Ne font ce pas particuliérement les jolis Tetons de Dorimene qui avoient gagné Sganarelle ? Ecoutez comme il parle à cette belle. „ Où
„ allez-vous belle mignone, chére Epoufe fu-
„ ture de votre Epoux futur ? Hé bien, ma
„ Belle, c'eft maintenant que nous allons être
„ heureux l'un & l'autre , vous ne ferez plus
„ en droit de me rien refufer , & je pourai
„ faire avec vous tout ce qu'il me plaira fans
„ que perfonne s'en fcandalife. Vous allez être
„ à moi dépuis la tête jufqu'au piez & je ferai
„ Maître de tout : De vos petits yeux éveil-
„ lez ; de vôtre petit nez fripon ; de vos lé-
„ vres appetiffantes ; de vos oreilles amoureu-
„ fes, de votre petit menton joli ; de vos pe-
„ tits Tetons rondelets , de votre.... Enfin
„ toute votre perfonne fera à ma difcrétion ;
„ & je ferai à même pour vous careffer com-
„ me je voudrai. N'êtes vous pas bien aife de
„ ce mariage, mon aimable Poupone ?

Vous penferez peut-être, Madame, que le
difcours de Sganarelle eft une gradation & que
ce qu'il laiffe en blanc eft le plus fort objet
de fa paffion. Je le veux, mais en ce cas là il
a le goût un peu trop groffier & le même qu'a-
voit l'Auteur de ces vers. Il écrit à fa Maitreffe fur un mal de gorge.

Il eft bien peu galant de vous prendre à la gorge.
Ce mal qui dedans vous regorge ,
C'eft être à vous faifir un des plus mal-adroits ;
Si j'avois comme lui fur vous droit de m'etendre,
Et comme lui le choix de ce qu'on peut vous pren-
      dre ,

Je

Je vous faifirois bien par de meilleurs endroits.

Que dites-vous, Madame, de la penfée d'un autre Auteur ? N'eft elle pas auffi heteroclite que le goût des deux Amants dont je viens de parler ?

„ L'Amour reffemble à un jeu de paume.
„ Quand une fille fe laiffe baifer la main, ce-
„ la vaut quinze : fi elle fouffre qu'on la baife
„ à la bouche , cela vaut trente : fi elle per-
„ met qu'on lui baife les Tetons , cela vaut
„ quarante cinq ; il ne faut plus qu'un coup
„ de trou & le jeu eft gagné.

Voici une Hiftoire qui quadre à mon fujet. L'Auteur dont je l'ai tirée y emploie des termes un peu forts contre votre Religion. Je vous prie de ne m'en point vouloir de mal.

„ On a fouvent parlé de la force du fang,
„ mais on n'a pas fi fouvent parlé de la force des
„ Tetons , quoiqu'on les appelle aujourd'hui
„ *boute-en-train*, avec la plus grande raifon du
„ monde. En voici un exemple qui en prou-
„ ve admirablement la vertu , qu'on peut ap-
„ peller une vertu de refurrection & de refur-
„ rection de la chair. Il faut favoir que dans
„ la plûpart des Eglifes Papiftes où la fuperf-
„ tition eft dominante il fe fait des extravagan-
„ ces de l'autre monde. Entre autres théâtres
„ de cette antagonifte de la foi (***) eft un
„ des plus fameux. Il y avoit une coutume
„ établie de longue-main de reprefenter réelle-
„ ment chaque femaine fainte de l'année les
„ miftéres de la paffion. Pour aller au folide
„ fans m'amufer à la bagatelle , on ne man-

B 2

„ quoit

,, quoit pas le jour du vendredi saint d'y offrir
,, aux yeux des spectateurs une scène burlesque
,, du crucifiment du Sauveur du monde. Pour
,, cela on choisissoit un jeune homme de la
,, ville auquel on faisoit porter une croix fort
,, pesante à la quelle on l'attachoit avec des
,, cordes au lieu de cloux dans une nudité
,, presque complette. Je dis presque, parce
,, que l'impudence n'étoit pas parvenuë au
,, point de dévoiler certaines parties qui doi-
,, vent être cachées. Ainsi on les faisoit cou-
,, vrir d'une ceinture de papier. Il faut remar-
,, quer que ce jeune homme étoit le corps du
,, monde le mieux formé, le plus vigoureux
,, en apparence & de la plus belle carrûre du
,, côté des épaules, & que la même coûtume
,, faisoit choisir entre les plus belles filles de la
,, ville trois tendrons qu'on auroit pris pour
,, des Vénus, pour represénter les trois Ma-
,, ries pleurantes au pied de la croix. On n'a-
,, voit pas seulement égard aux traits reguliers
,, du visage, ni à la finesse de la taille, on les
,, prenoit encore bien pourvuës du grand mo-
,, bile de la tendresse, je veux dire fournies de
,, Tetons à l'Angloise, que l'on laissoit en plei-
,, ne liberté d'émouvoir le Christ representa-
,, tif. Sur ce plan là dans l'année que je ne
,, cite point pour raison, on fit un si beau
,, choix que l'on mit sur les rangs & sous les
,, armes trois filles enchantées, qui auroient
,, fait honte aux trois Graces. Elles ne furent
,, pas plutôt sous l'aspect du crucifié qu'elles
,, firent miracle ; je veux dire que malgré la
,, situation où il étoit & ce qu'il representoit,

,, el-

„ elles produifirent l'effect le plus terrible que
„ puiffe débiter la cronique fcandaleufe. No-
„ tre Hercule galant pofté à l'avantage eut pour
„ premiére Vifion une demi douzaine de Te-
„ tons capables par leur fiftole & leur diaftole
„ de tenter la vertu d'un Anacorète , & qui
„ donna au public un fpectacle rifible & très-
„ profane comme vous pouvez croire. Car
„ le crucifié au lieu de prononcer du haut de
„ fa croix des paroles dignes de celui qu'il re-
„ prefentoit , prononça des turpitudes dignes
„ de l'abolition éternelle d'une fi odieufe cé-
„ rémonie. Pour couper court , regardant ces
„ objets mouvants tout propres à mettre en
„ fureur fon grand mobile , il ne put s'empê-
„ cher de crier: Otez de devant mes yeux les
„ trois Maries ou le papier va crever. Le
„ fcandale que fit naître une action & des pa-
„ roles fi confufibles à cette Religion firent
„ rentrer l'Archevêque en lui-même & lui fi-
„ rent comprendre qu'elles l'expofoient à la
„ derifion du public. Il fupprima donc un ufa-
„ ge , ou plutôt un abus , qui tendoit directe-
„ ment au mepris de fa communion , de ma-
„ niére qu'il n'en eft plus parlé , parce que ce-
„ la ne fe pratique plus depuis.

Un Peintre peut venir à bout de reprefenter aux yeux tous les appas d'un beau vifage,
il échoue d'ordinaire s'il s'ingére de peindre une
belle gorge. Cette ode Anacréontique de Mr.
de la Motte qui porte pour titre, *Portrait*,
femble le prouver.

PORTRAIT.

Toi, par qui la Toile s'anime,
Savant Peintre, prends ton pinceau;
Et qu'à mes yeux ton art exprime
Tout ce qu'ils ont vû de plus beau.

Ne m'entens-tu pas? peins Silvie;
Mais choisis l'instant fortuné,
Où pour le reste de ma vie,
Mon cœur lui fut abandonné.

Au bal en habit d'Espagnole,
Elle ôtoit un masque jaloux:
Plus promptement qu'un trait ne vole
Je fus percé de mille coups.

Peins ses yeux doux & pleins de flâme
D'où l'Amour me lança ses traits;
D'où ce Dieu s'asservit mon ame
En un instant, mais pour jamais.

Peins son front plus blanc que l'ivoire,
Siége de l'aimable candeur.
Ce front dont Venus feroit gloire,
S'il y brilloit moins de pudeur.

Poursuis, peins l'une & l'autre jouë,
La honte des roses, des lis.
Et sa bouche où l'Amour se jouë
Avec un éternel souris.

Peins fa Gorge... mais non arrête,
Ici ton art eft furmonté,
Et quelques couleurs qu'il apprête,
Tu n'en peux peindre la beauté.

Laiffe cet inutile ouvrage.
Non, de l'objet de mon ardeur,
Il n'eft qu'une fidelle image
Que l'Amour grava dans mon cœur.

Les Tetons font des Beautez mortelles plus beaux & plus dignes d'amour que ceux des Dééffes.

O D E.

Au tems de l'aimable faifon
Iris rèvant dans la prairie,
S'endormit fur un mol gazon
Tapiffé d'un herbe fleurie.
Zephire charmé de fon teint,
Qui d'un vif incarnat fe peint,
Vint d'abord faire le folâtre,
Autour de fa gorge d'albâtre.
Jaloufe d'un tranfport fi doux
Flore gronda fon infidelle
Et lui dit, pleine de couroux,
Me preferer une Mortelle!
Zephire qui fe fentoit fort,
Repartit, voïez cette Belle.
Flore jetta les yeux fur elle
Et convint qu'il n'avoit pas tort.

Ainfi

Ainſi, Madame, je ne m'étonne plus de voir faire ce ſouhait à Anacréon.

Que ne ſuis-je la fleur nouvelle
Qu'au matin Climene choiſit
Qui ſur le ſein de cette Belle
Paſſe le ſeul jour qu'elle vit.

Le Poëte ſans fard a trouvé fort bon le goût de cet Ancien & a amplifié cette ſtrophe de la maniére ſuivante.

O D E.

Helas! trop cruelle Silvie,
Permettez au moins que j'envie
Le beau ſort de certaines fleurs,
Dont vous vous parez avec grace,
Et dont votre beau teint efface
Toutes les plus vives couleurs.
Oui, je voudrois être la Roſe,
Que vous placez ſur votre ſein
D'une telle metamorphoſe,
Direz-vous, quel eſt le deſſein?
Le voici: Par vos mains cueillie,
Mon deſtin ſeroit des plus doux;
Je n'aurois qu'un ſeul jour de vie,
Mais je ne vivrois que pour vous.

Vous paroîtra-t-il donc bizarre, Madame, que Mr. le Païs ait ſouhaité d'expirer ſur le ſein de ſa Caliſte?

L E T-

LETTRE A CALISTE.

,, Quand je fortis hier de chez vous, j'en
,, fortis avec une bonne réfolution de m'aller
,, tuër, afin d'avoir l'honneur de vous plaire
,, une fois en ma vie & de vous défaire pour
,, jamais d'une perfonne incommode : mais
,, jufques-ici je n'ai pas executé mon deffein,
,, à caufe de l'embaras où je me fuis trouvé à
,, choifir un genre de mort. J'eus d'abord en-
,, vie d'imiter feu Celadon d'amoureufe me-
,, moire & de m'aller precipiter dans la rivié-
,, re : mais j'eus peur que l'eau ne me jettât
,, fur les bords auffi bien que lui & que je ne
,, fuffe recueilli par quelques Nimphes pitoïa-
,, bles qui malgré moi me fauvaffent la vie. Il
,, me prit auffi fantaifie de m'aller pendre à
,, votre porte, à l'imitation du généreux pen-
,, dard Iphis : mais je m'imaginai que ce feroit
,, vous des-honorer que de faire un gibet de
,, votre porte ; outre que c'eft un genre de
,, mort pour lequel j'ai eu de l'averfion dès le
,, tems que j'étois petit enfant. Je penfai auffi
,, à m'empoifonner : mais je crûs que du poi-
,, fon ne feroit pas capable de m'ôter la vie
,, non plus qu'à Mithridate, à caufe de la gran-
,, de habitude que j'en ai faite. N'étant pas mort
,, depuis fi long-tems que je me nouris de crain-
,, te, de chagrin, d'inquiétude & de defefpoir,
,, qui font les poifons du monde les plus vio-
,, lents, apparemment je ne pourrois pas mou-
,, rir pour prendre de l'arfenic ou de l'antimoi-
,, ne. Je n'oubliai pas auffi qu'un poignard mis

B 5

,, dans

,, dans le fein étoit un bon expédient pour
,, mourir , mais je crus que je ne devois pas
,, choifir le genre de mort qu'avoit choifi une
,, femme qui mouroit de regret d'avoir fait une
,, chofe que je meurs de regret de ne pouvoir
,, faire. Mon defefpoir eft trop different de ce-
,, lui de Lucréce , pour ne pas mourir d'une
,, mort differente. Enfin, Califte, j'ai paffé
,, la nuit à chercher, fans pouvoir trouver, la
,, mort dont je devois mourir. Au refte ne
,, croiez pas que ce foit la mort qui m'étonne,
,, ce n'eft que la maniére de mourir qui m'in-
,, quiéte : Car , pour vous dire le vrai, après
,, avoir vêcu avec tant de chagrin, je voudrois
,, bien mourir d'une mort qui me donnât un
,, peu de plaifir.   Je viens de penfer à une qui
,, feroit bien mon affaire: ce feroit, Califte,
,, de mourir entre vos bras, *pâmé fur votre*
,, *fein*. Je fens bien en mon cœur, que je n'ai
,, pas d'horreur pour cette mort, comme pour
,, fe noïer, s'empoifonner, fe pendre, ou fe
,, poignarder. Obligez moi donc de me laiffer
,, mourir de cette forte; car puis qu'enfin vous
,, voulez que je meure, que vous importe que
,, ce foit de douleur ou de plaifir?

Je conclus de tout cela, Madame, que fi je
n'étois du fentiment, de B. ., je croirois qu'il
y a de la diablerie dans les charmes des Tetons.
Ce qui me confirme dans la penfée qu'il n'y
en a point, c'eft le Sonnet fuivant envoïé à
des Belles qui demandoient un fécret de paroles
magiques pour fe faire aimer.

SON-

SONNET.

Pourquoi me demander la ruse criminelle
Par quoi l'art des Démons met les cœurs dans les
  fers,
Vous de qui la Magie est blanche & naturelle,
Et fait qu'à vos appas tant de vœux sont offerts ?

Par vos charmes vainqueurs l'esprit le plus rebelle
Rend graces à l'Amour des maux qu'il a soufferts;
La flamme de vos yeux est trop pure & trop belle
Pour unir sa puissance à celle des enfers.

Ce beau sein qui fait naître & vos lis & vos roses
Forme un enchantement de tant de belles choses,
Que leur force invincible a droit de tout char-
  mer.

Mais pour vous mieux servir de leur pouvoir ex-
  trême,
Ajoutez seulement ces trois mots, *je vous aime!*
Qui pourroit s'empêcher alors de vous aimer?

CHAPITRE III.

Des beaux Tetons.

IL s'agit à present, Madame, de savoir comment les Tetons doivent être pour être
beaux. On fait consister la beauté d'une femme en ces vingt six points. 1. La jeunesse.
2. La taille ni trop grande ni trop petite. 3.
N'être

N'être ni trop grasse ni trop maigre. 4. La Simetrie & la proportion de toutes les parties. 5. De beaux cheveux longs & deliez. 6. La peau délicate & polie. 7. Une blancheur vive & vermeille. 8. Un front uni. 9. Les temples non enfoncées. 10. Des sourcils comme deux lignes. 11. Les yeux bleus à fleur de tête, aïant un regard doux. 12. Un Nez un peu long. 13. Des jouës un peu arrondies faisant une petite fossette. 14. Un ris gracieux. 15. Deux lévres de corail. 16. Une petite bouche. 17. Des dents blanches & bien rangées. 18. Le menton un peu rond & charnu, avec une fossette au bout. 19. Les oreilles petites, vermeilles & bien jointes à la tête. 20. Un cou d'ivoire. 21. *Un sein d'albâtre.* 22. *Deux boules de Neige.* 23. Une main blanche, longuette & potelée. 24. Des doits finissant un peu en piramides. 25. Des ongles de Nacre de perles tournés en ovale. 26. On ajoûte une haleine douce, une voix agréable, le geste libre, & non affecté, un corsage delié & une démarche modeste.

Marot nous instruira particuliérement de la beauté des Tetons dans son Epigramme sur le beau Tetin.

EPIGRAMME DE MAROT.

sur le beau Tetin.

Tetin refait, plus blanc qu'un œuf,
Tetin de satin blanc tout neuf,
Tetin qui fait honte à la rose,

Tetin

Tetin plus beau que nulle chofe,
Tetin dur (non pas Tetin voire,
Mais petite boule d'Ivoire)
Au milieu de quel eft affife
Une fraife, ou une cerife,
Que nul ne voit ni touche auffi,
Mais je gage qu'il eft ainfi :
Tetin donc au petit bout rouge,
Tetin qui jamais ne fe bouge,
Soit pour venir, foit pour aller,
Soit pour courir, foit pour baller,
Tetin gauche, Tetin mignon,
Toûjours loin de fon compagnon,
Tetin qui porte témoignage
Du demeurant du perfonnage;
Quand on te voit, il vient à maints
Une envie dedans les mains,
De te tâter, de te tenir :
Mais il fe faut bien contenir
D'en approcher, bon gré ma vie!
Car il viendroit une autre envie.

O Tetin, ni grand ni petit,
Tetin mûr, Tetin d'appetit,
Tetin qui nuit & jour criez,
Mariez moi tôt, mariez.
Tetin qui t'enfles & repouffes
Ton gorgîas de deux bons pouces;
A bon droit heureux on dira
Celui qui de lait t'emplira,
Faifant d'un Tétin de pucelle
Tetin de femme entiére & belle.

Si cette definition que Marot nous a donnée
des beaux Tetons , n'eſt pas bien complette,
j'y vais ajoûter celle de Mr. de Benſerade.

SONNET.

Beau ſein déja preſque rempli,
Bien qu'il ne commence qu'à poindre.
Tetons qui ne font pas un pli ,
Et qui n'ont garde de ſe joindre.

De jeuneſſe ouvrage accompli,
Que de fard il ne faut pas oindre
Si l'un eſt rond , dur & poli,
L'autre l'égale & n'eſt pas moindre.

Sein par qui les Dieux font tentez
Digne échantillon de beautez ,
Que le jour n'a point regardées.

Il garantit ce qu'il promet,
Et remplit toutes les idées
Du paradis de Mahomet.

Vous voïez par la , Madame, que la blancheur , la rondeur & la fermeté ſont des qualitez eſſentiellement requiſes à de beaux Tetons   Ces deux derniéres ſont moins commu-
nes que l'autre dans vos quartiers, & c'eſt un
mal.   Marot, qui étoit un connoiſſeur, les aimoit ronds, vous l'allez voir dans ces vers qui
renferment des conſeils ſur le choix d'une
Maîtreſſe.

Quand

Quand vous voudrez faire une Amie,
Prenez la de belle grandeur,
En son Esprit non endormie,
Et son Tetin bonne rondeur,
Douceur
En cœur,
Langage
Bien sage,
Dansant, chantant par bons accords,
Et ferme de cœur & de corps
Si vous la prenez trop jeunette,
Vous en aurez peu d'entretien;
Pour durer, prenez la brunette,
En bon point, d'assûré maintien.
Tel bien
Vaut bien
Qu'on fasse
La chasse
Du plaisant gibier Amoureux;
Qui prend telle proïe est heureux.

Ce Rondeau de sa façon le prouve encore.

R O N D E A U.

Toutes les nuits je ne pense qu'en celle,
Qui a le corps plus gent qu'une pucelle,
De quatorze ans sur le point d'enrager:
Et au dedans un cœur, pour abreger,
Autant joïeux qu'eût onques Demoiselle.
Elle a beau teint, un parler de bon zele.

Et

Et le Tetin rond comme une groiselle.
N'ai je pas donc bien caufe de fonger
Toutes les nuits.

Touchant fon cœur je l'ai en ma cordelle,
Et fon mari n'a finon le corps d'elle :
Mais toutefois quand il voudra changer,
Prenne le cœur & pour le foulager,
J'aurai pour moi le gent corps de la belle,
Toutes les nuits.

L'Auteur d'une affez belle énigme fur les Tetons, les veut fermes, durs & écartez l'un de l'autre. Voici l'enigme.

SONNET.

Tandis que deux voifins fans fe joindre vêquirent,
Tous deux également de tous furent aimez,
Tous deux enflez d'orgueil & de grace animez,
Partagerent entre eux tout l'honneur qu'ils acqui-
rent.
Tous deux avoient quinze ans à l'age qu'ils naqui-
rent,
Sur un moule tous deux ils paroiffoient formez,
L'un l'autre ils fe fuioient de dépit enflammez,
L'un à l'autre enviant les conquêtes qu'ils firent.
Bien qu'un Prince paffât ils ne s'ébranloient point,
Mais enfin leur orgueil s'enfla jufqu'à ce point,
Que leur trifte union commença de paroître.

Ils fe baiferent tant qu'ils en firent pitié,

L'Amour

L'Amour de tous nâquit de leur inimitié,
 Et de leur union le mépris vint à naître.

Mr. le Païs paroît être du même goût, quand il dit à Iris dans le portrait qu'il fait de cette Belle. ,, Votre gorge semble avoir été faite au ,, tour & l'on peut dire que c'est une beauté ,, achevée. Votre sein est digne de votre gor- ,, ge, il est blanc, gras & potelé. Les deux ,, petits globes qui les composent ne sont éloi- ,, gnez que de deux doigts, & cependant je ,, suis assûré que de leur vie ils ne se font bai- ,, sez, quoi qu'ils soient freres & qu'ils deus- ,, sent bien s'aimer si la ressemblance fait l'a- ,, mitié.

La Caterenne de la chanson picarde a, ou a eu les Tetons de ce calibre, son Amant ne lui dit-il pas.

Pour ta bouche, elle est plus rouge
Que n'est la crête d'un coq,
Et ta gorge qui ne bouge
Paroît plus ferme qu'un roc.

Pour vous, Madame, vous avez ces deux perfections. Vos Tetons font fermes & ronds, mon petit doigt me l'a dit, & peut être les quatre autres aussi. Outre cela la blancheur leur est très naturelle.

MADRIGAL.

On a beau dire, Iris, pour loüer votre teint,
 Que sa blancheur est sans seconde :

C

Pour

Pour moi qui ne dis rien , de flateur ni de feint,
Je foutiens qu'il en eft une plus grande au monde.
   N'en déplaife à la vanité
   De votre fuperbe vifage,
Vos Tetons, belle Iris, en bonne verité,
Voudroient-ils en blancheur lui ceder l'avantage?

Je n'ai pas envie, Madame, de déterminer pofitivement ici de quelle taille doivent être les Tetons, ni prendre parti dans le différent que deux de mes Amis ont eu fur la longueur, la largeur & la profondeur de ces deux parties du corps des Belles; Je me contenterai de dire que fi des hommes ont raifon de trouver beaux les gros Tetons, d'autres n'ont pas tort d'être charmez d'un fein qui n'eft pas fort garni, & je veux croire que c'eft tout de bon & fans flatterie que Mr. le Païs parle de cette forte à fa Califte. ,, Votre fein n'eft pas des plus rem-
,, plis: mais ce que vous en avez eft blanc; &
,, s'il m'eft permis de le dire comme je le pen-
,, fe, le morceau pour être petit ne laiffe pas
,, d'être délicat.

Une chofe au moins que je puis avancer hardiment, c'eft qu'une perfonne de votre fexe ne fauroit être belle, fi elle n'a une belle gorge & un beau fein; auffi voïons nous que tous les faifeurs de pôrtraits, quand ils veulent peindre une beauté parfaite, n'ont garde d'oublier les Tetons. D'une infinité de ces portraits je n'en prendrai qu'un, qui à mon fens, eft très-charmant.

POR-

PORTRAIT D'IRIS.

De l'Objet le plus beau qui foit en la nature,
　De mon incomparable Iris,
　Et de fes charmes qui m'ont pris
L'entreprens de tracer une vive peinture.
　Amour mon aimable vainqueur,
Du plus beau de tes feux viens échauffer ma veine,
Et depeins dans mes vers cette belle inhumaine
Comme tu l'as dépeinte au milieu de mon cœur.

Sa taille noble, riche & belle
Et qui n'eft point d'une Mortelle,
Se fait craindre d'abord & refpecter de tous;
Mais de fon gefte aifé, la grace naturelle
A quelque chofe de fi doux,
Que l'Amour auffi tôt fait reffentir fes coups,
Et fe joint au refpect que l'on avoit pour elle.

Ses cheveux longs & noirs, luifans & deliez,
Par boucles repandus & galamment liez,
Ombragent doucement la frâicheur de fa jouë,
Là de jeux, de Ris & d'Amours
Un effain folâtre fe jouë,
Et dedans leurs anneaux fait mille jolis tours.

Son teint n'eft que de lis & de rofes vermeilles,
Où ces mêmes Amours ainfi que des Abeilles
Succent un miel delicieux
Refervé feulement pour la bouche des Dieux.

C 2

Ses

Ses yeux grands, doux & noirs ne se peuvent dé-
      crire,
Et l'on ne les peut voir que le Cœur n'en soupire,
Qui mourroit accablé d'amour & de plaisir,
S'il ne se soulageoit du moins par un soûpir.

Qu'on aime à ressentir les beaux feux qu'ils allument,
Lorsque par leur presence ils charment tous nos
      sens!
   Mais helas! dès qu'ils sont absens,
   Que le pauvre Cœur qu'ils consument
Eprouve que ces feux sont cruels & cuisans!

Sa bouche petite & vermeille
Est d'un rouge animé qui n'eut jamais d'égal.
   Ni les rubis ni le corail
N'ont point une couleur pareille:
Aussi, comme on le peut juger,
La nature judicieuse
La fit ainsi petite, afin de menager
Une couleur si precieuse.

   Alors qu'elle s'ouvre en riant,
On voit deux beaux filets de perles d'orient,
   Egales, blanches & lustrées
   Et dont l'œil avare est épris;
Elles sont, il est vrai, petites & carrées,
Mais elles n'en sont pas pourtant d'un moindre prix.

   Pour vous, trop injustes oreilles,
Qui refusez d'oüir le recit de mes maux,
Bien que vous possediez des beautez nompareilles,
                                          Sans

Sans mélange d'aucuns défauts.
Puis qu'enfin vos rigueurs étranges
Sont cause de tous mes malheurs,
Vous n'entendrez point vos loüanges,
Que vous n'écoutiez mes douleurs.

Sa gorge où le desir s'égare,
En deux petits monts se separe,
L'un de l'autre assez éloignez ;
Un importun voile les cache,
Qu'ils repoussent comme indignez,
D'une contrainte qui les fâche.

Ses bras ronds, fermes & polis,
Font honte à la blancheur du lis,
Ses mains sont plus blanches encore,
    Si ce n'est toutefois,
Que vers le petit bout des doigts,
Un peu de rouge le colore ;
Telle les a la jeune Aurore
Quand de couleur de rose elle peint le Levant ;
Ou bien quand au matin sur le rivage More
Elles les lave en se Levant.

Je sais bien que ses mains sont un peu larronnesses,
Et que pour dérober des Cœurs
Elles ont d'etranges addresses,
Quelles n'attendent point que l'on regarde ailleurs,
    Pour faire leurs tours de souplesses,
Mais pour s'en garentir tous soins sont superflus,
Et quel moïen de s'en defendre ?

C 3

Lorſ-

Lorfque l'on a les yeux deffus,
C'eft lors qu'elles favent mieux prendre.

Pour les autres beautez, dont Iris eft pourvuë,
Et qui compofent fon beau corps,
Ce font de precieux tréfors,
Qu'elle tient cachez à la vuë,
Avec le même foin que fous fes beaux habits
La Terre cache les Rubis;
L'Or & les Diamans pour qui l'on l'importune,
Que fans beaucoup de peine on ne peut enlever;
    Mais auffi qui font la fortune
    De celui qui les peut trouver.
De toutes les beautez cet illuftre modelle,
Ce Chef-d'œuvre achevé de la terre & des Cieux,
Eft le riche palais d'une ame encor plus belle;
Mais d'une ame femblable aux Dieux,
D'une ame toute de lumiére,
Qui connoît toute chofe & fait tout enflammer,
Et dont le feul defaut eft d'être un peu trop fiére
Et de ne favoir pas aimer.

Si vous êtes jaloux, grands Dieux de votre gloire,
Ne fouffrez plus en elle une tache fi noire,
Qui gâte de vos mains l'œuvre le plus parfait;
Qu'Iris ceffe d'être inhumaine,
Et pour rendre accompli ce que vous avez fait,
Rendez la fenfible à ma peine.

   A propos de Portrait, Madame, le votre eft
toûjours prefent a mes yeux, gravé dans ma
mémoire, fortement empreint dans mon Cœur.
Un

Un Esprit éclairé, poli, doux & charmant,
Un visage oû l'Amour a choisi son Empire,
Un visage de feu, qui par son doux sourire,
Engage tous les Cœurs à l'aimer ardamment.
Un teint vif, des yeux doux, une grace admirable,
Une gorge, en un mot, que je crois adorable,
   Un éclat qui pouroit ternir
   La beauté même de l'Aurore,
Tout cela, croïez moi, force à s'en souvenir
   Et force à plus encore.

Ce qui me chagrine, Madame, c'est de savoir qu'on vous traverse, qu'on vous chicane & qu'on vous ruïne. Une personne aussi accomplie que vous mériteroit bien d'être riche & heureuse. Voici la raison pourquoi vous ne l'êtes pas.

SONNET.

Les Dieux goûtent là haut des douceurs éternelles,
Nul mélange n'en vient corrompre les appas,
Et tel est le destin des personnes mortelles
De ne goûter jamais rien de pur ici-bas.

Dans le même sujet ne sont guére en un tas:
Les poissons nagent bien, mais ils n'ont pas des
     ailes,
Les Oiseaux volent bien, mais ils ne nagent pas.
Ces rares qualitez d'heureuses & de belles

L'on ne peut à la fois posseder toutes choses;

C 4

Parmi

Parmi tant de beautez nouvellement éclofes,
La votre eft la prémiere, au jugement de tous.

Mille tendres Amours naiffent deffus vos traces ;
Mais la Fortune eft femme & jaloufe de vous :
Iris, vous ne fcauriez avoir fes bonnes graces.

Si c'étoit une confolation que d'avoir des
compagnons de malheur , je vous confolerois
par mon exemple, en effet je puis bien affûrer
que.

Tout le monde me veut du bien ,
Chacun me dit que j'en mérite :
Moi-même je le dis fans faire l'hypocrite ,
Mais la fortune n'en croit rien.

CHAP. IV.

S'il eft de la bienfeance que les Dames laiffent voir leurs Tetons , & s'il eft permis aux A-mans de les patiner.

ON pouroit faire une ample differtation fur la queftion fi le fexe fe doit couvrir le fein & s'il eft immodefte qu'il le montre. Moliere fait dire à Tartuffe que cet étalage de Tetons bleffe les ames & fait venir de coupables penfées. Le petit pere André s'eft écrié avec beaucoup de zèle dans une de fes predi-cations : ,, Quand vous voïez ces Tetons re-
,, bondis & qui fe montrent avec tant d'impu-
,, dence, bandez Meffieurs, bandez vous les
,, yeux.

,, yeux. Pour moi, Madame, je ne me fens
pas affez habile Cafuifte pour décider là-deffus.
D'ailleurs quand je ferois capable de prouver
invinciblement qu'il eft plus à propos que le
fexe fe couvre le fein que de le laiffer découvert, je ne fais fi j'oferois l'entreprendre. Je
m'attirerois d'un côté tous les Amants à dos,
qui me voudroient du mal de travailler contre
leurs intérêts. D'un autre côté, les Dames fe
revolteroient contre moi, parce que je con-
damnerois une mode qu'elles fuivent prefque
généralement.

Je tairai donc ici mon fentiment; je ne dirai que celui des autres. Mr. le Pais eft pour
la mode qui trotte, quand il parle de cet air à
fa Margoton.

,, J'ai un nouvel avis à vous donner fur ce
,, que je vis hier que vous teniez vos petits
,, Tetons enfermez auffi exactement qu'une
,, Religieufe. Vous avez tort, Margoton, de
,, tenir ainfi en prifon deux jeunes innocents
,, qui n'ont point encore fait de crime. Je
,, vous affûre qu'ils fouffrent cette clôture à
,, contre cœur. Malgré le linge qui les reffer-
,, re j'ai remarqué qu'ils en foupirent de trif-
,, teffe & qu'ils en font tout enflez de colére.
,, A caufe que vous êtes fage de bonne heure
,, vous voulez peut-être qu'ils vous imitent:
,, mais ne favez vous pas qu'ils font plus jeu-
,, nes que vous, que vous avez quatorze ans,
,, & qu'ils n'ont que quatorze mois, & qu'ainfi
,, quand vous feriez déja ferieufe, il leur feroit
,, permis de faire encore les badins ? Lorfque
,, vous n'êtiez pas plus âgée qu'ils le font pré-

C 5

,, fen-

,, sentement , votre Nourice n'avoit point de
,, honte de vous montrer toute nuë , pourquoi
,, en auriez vous donc , de nous montrer à
,, nud deux jeunes enfants qui ne sont jamais
,, si beaux que quand ils sont découverts?
,, N'est ce point que la Tante qui vous gou-
,, verne , a peur que si vous les laissiez sans
,, contrainte, ils n'usassent mal de leur liberté
,, & qu'ils ne l'emploïassent à attaquer la no-
,, tre? Si c'est par cette raison qu'elle vous
,, les fait couvrir si soigneusement, elle devroit
,, aussi vous obliger à cacher vos yeux & vos
,, autres appas , puisque vous n'en avez aucun
,, qui ne derobe tous les jours quelque cœur
,, où quelque liberté. Mais je veux bien lui
,, apprendre que vos Tetons en deviendront
,, plus malicieux , plus ils seront enfermez.
,, Car si dans leur prison ils découvrent quel-
,, que trou par où ils puissent voir le jour, ils
,, se mettront la en sentinelle pour assassiner le
,, premier homme qui les regardera , si bien
,, qu'on fera mieux de leur donner liberté tou-
,, te entiére: Car alors on s'apprivoisera avec
,, eux; tout de bon ils en deviendront moins
,, dangereux.

Monsieur Cotin soutient que c'est une précaution inutile que de cacher les Tetons ; ces
vers le prouvent.

Vous cachez votre sein mais vous montrez vos
     yeux ,
Qui de tout vaincre ont le beau privilége ,
N'est ce pas me sauver du milieu de la neige
Pour m'exposer au feu des cieux.

Mais ,

Mais, Monsieur de Montreuil semble épouser le parti contraire quand il fait ce reproche
à sa Maîtresse.

MADRIGAL.

Pourquoi me montrer votre sein,
Puisqu'un fâcheux jaloux s'oppose à mon dessein ?
Vôtre bonté me tuë autant qu'elle me plait.
Mes yeux sont trop heureux, ma bouche malheu-
     reuse,
Et pour mon pauvre Cœur, il ne fait ce qu'il est.

Mr. Boursaut trouve que les Tetons des Belles font bien quand ils ne font ni trop cachez
ni trop découverts. Faifant à Mademoiselle
Beaumont le portrait de sa Maiftresse, qu'il
batife du nom de Climène, il s'y prend de cette forte.

„ Climène a les yeux auffi noirs que vous
„ les avez blonds ; & comme vous les avez
„ du plus beau blond qui ait jamais été, elle
„ les a du plus beau noir du monde. Elle a
„ le front affez grand, affez élevé pour être
„ admirablement beau, & les fourcils qui font
„ au bas font fi noirs & la fimetrie en eft fi
„ délicate, que pour les arranger avec tant de
„ juffeffe, il femble que la nature ait emprun-
„ té les mains de l'art. Ses yeux raviffent la
„ franchîfe quand ils ont toute leur vivacité;
„ & touchent l'ame quand ils ont toute leur
„ langueur. Son nez qui paffe pour un peu
„ gros parmi ceux qui ne s'y connoiffent pas,
„ paffe pour tout à-fait beau parmi ceux qui
„ s'y

,, s'y connoiſſent. Ses joües inſpirent de l'a-
,, mour quand elles ont de la rougeur : &
,, quand elles n'en ont point, elles donnent de
,, la tendreſſe. C'eſt dommage que ſa bouche
,, ſoit ſi petite, parce qu'il en ſortiroit en fou-
,, le toutes les bonnes choſes qui n'en ſortent
,, que l'une après l'autre, à cauſe des limites
,, du paſſage : & ſi j'oſois me ſervir du mot
,, précieux d'ameublement de bouche, pour
,, dire ce que je penſe de ſes dents, je vous
,, proteſterois qu'il n'y en a jamais eu de plus
,, riche que le ſien. Elle a les lévres d'une
,, couleur fort vive & ſi elle ne les mord ja-
,, mais : & ſon menton paſſeroit pour imper-
,, tinent s'il avoit l'audace d'être laid & de ſe
,, mêler avec toutes les beautez qui ſont ſur
,, un ſi charmant viſage. *Le point dont elle ſe*
,, *couvre la gorge eſt aſſez raiſonnable pour en*
,, *laiſſer voir aſſez peu, pour ne point cauſer de*
,, *deſirs qui bleſſent le reſpeĉt que l'on doit por-*
,, *ter à Climène, & toutefois il en montre aſſez*
,, *pour donner envie de voir le rèſte. Tout le*
,, *defaut qu'elle à, c'eſt qu'elle eſt auſſi dure que*
,, *ſon cœur.* Au reſte malgré la peine que lui
,, cauſe un amour qui la chagrine & qui la
,, rend plus maigre qu'elle ne devroit être, el-
,, le a les mains ſi belles que je ne ſuis jamais
,, ſi ravi que lorſqu'elle m'en donne des ſou-
,, flets &c.

Marot croit que les Tetons couverts &
découverts font également impreſſion ſur les
cœurs.

Epigramme de Marot fur Barbe & fur Jac-
quette.

Quand je vois Barbe en habit bien duifant,
Qui l'eftomac blanc & poli decoeuvre,
Je la compare au diamant luifant,
Fort bien taillé, mis de mêmes en œuvre.
   Mais quand je vois Jacquette qui fe cœuvre
Le dur Tetin, le corps de bonne prife
D'un fimple gris accoûtrement de Frife,
Adonc je dis pour la beauté d'icelle,
Ton habit gris eft une cendre grife
Couvrant un feu qui toûjours étincelle.

Une raifon qui peut excufer les Dames de montrer leur fein, c'eft qu'il y a long-tems que cela fe pratique ; & une ancienne coutume paffe pour une loi parmi les Jurisconfultes. D'ailleurs elles tiennent pour maxime qu'il fuffit à une Dame d'être chafte de la ceinture en bas. Mais, Madame, je doute fort que vous vouluffiez vous fervir de cette derniére raifon, quand même vous n'auriez pas vû ces vers fur une Dame libre dans ces difcours.

   Une belle & galante Dame
Ecoutant volontiers les contes un peu gras,
Difoit pour s'excufer il fuffit qu'une femme
Soit chafte feulement de la ceinture en bas;
Un railleur repartit, la maxime eft commode,
Et fur tel un avis le fexe feminin
                                   Pourra

Pourra bien amener la mode
De le ceindre comme Arlequin.

Enfin je fuppofe & j'avouë, fi l'on veut,
que les Dames ont la liberté & le droit devant Dieu & les hommes de mettre leurs Tetons au jour. Pour vous propofer un autre
cas : Comme il eft permis de les voir, n'aurions nous pas auffi la liberté de les toucher?
La main & la bouche n'auront elles pas le même privilége que là vuë? Vous m'allez répondre que non. Tous les Amants font cependant d'un autre avis, hormis Scarron & fort
peu d'autres. Cet Autheur déclare dans fon
Épître chagrine au Maréchal d'Albert que

Les Patineurs font très-infuportables
Même aux beautez qui font très-patinables.

Dans fon Roman Comique il condamne encore Ragotin d'avoir voulu un peu patiner &
il dit que *c'eft une galanterie provinciale qui tient
plus du Satire que de l'honnête homme.*
J'appelle de fes décifions, Madame, & j'ap-
prouve le procedé d'un homme galant qui après
avoir patiné les Tetons d'une Dame, lui chanta
encore cette chanfon par deffus le marché.

Mort-de ma vie,
Quand j'ai vu vos Tetons,
Belle Silvie,
Si beaux, fi blancs, fi ronds;
Pour favoir s'ils font durs j'ai formé le deffein,

De

De paſſer mon envie,
Et d'y porter la main,
Mort-de ma vie!

En effet n'eſt ce pas une cruauté inouie de
nous mettre devant les yeux ces beaux meubles, & de nous defendre de les regarder & d'y
toucher? J'en prens le Sr. Cotin à témoin,
écoutez le ſe plaindre à ſa Maitreſſe.

Vous me deffendez d'approcher
De votre bouche ſans pareille :
Votre gorge eſt une merveille
Qu'on n'oſe ni voir ni toucher.
Le moins coupable des humains,
Et qui ſouffre le plus de peine
C'eſt, ô trop aimable inhumaine,
Un Amant ſans yeux & ſans mains.

Un autre Poëte a fait cet ingenieux Madrigal par où il ſe juſtifie de ſes libertez patinan-
tes.

MADRIGAL.

Je ſuis un imprudent, un ſot, un temeraire
Je n'ai point de raiſon, j'ai l'eſprit mal tourné,
Je n'ai pour tout talent que celui de déplaire,
Indigne de vous voir, digne d'être berné.
Voila, Philis, les épithètes
Que je reçois de vous en l'humeur où vous êtes,
Et de tout ce couroux vous avez pour raiſon,
Que ma main a voulu toucher votre Teton.

C'eſt

C'eſt trop punir ; Philis, une main criminelle;
Que nous ſommes helas, bien differens d'humeur ?
Pour toucher votre ſein vous me faites querelle ;
Et je ne vous dis rien d'avoir touché mon cœur.

     Quand j'aurois juré mille fois de ne jamais
toucher Teton, je crois Madame que ces ſer-
mens ne m'obligeroient point , & je ſuis per-
ſuadé , que Jupiter a abſous l'Amant qui va
parler.

Je promets tous les jours de ne jamais toucher
Les neiges du beau ſein dont l'amour me conſume,
Mais je ne ſaurois m'empêcher
De ſuivre une ſi douce & ſi belle coutume:
Cruels devoirs, injuſtes ennemis
penſez vous qu'Amarante ignore,
Qu'Amour comme un Enfant qui n'a pas l'âge en-
         core
Doit être diſpenſé de ce qu'il a promis ?

     Je ſais bon gré à Mr. Bourſaut d'être pour
les patineurs.   Ah! ,, juſte Dieu, *dit-il à Mr.*
,, *Charpentier* , que la Maitreſſe à qui je ne ſuis
,, que par votre moïen eſt vertueuſe ! Pour lui
,, avoir aujourd'hui baiſé deux ou trois fois la
,, main elle m'a vigoureuſement querellé ; voiez
,, ce qu'il m'arriveroit ſi je faiſois pis , je n'ai
,, oſé lui dire que je ne faiſois l'amour que pour
,, baiſer & que j'aimerois autant être amoureux
,, *ad honores* , que de ne pas faire les fonctions
,, requiſes à la qualité que ſes yeux m'ont con-
,, traint de prendre. Je croïois, en verité qu'é-
            ,, tant

„ tant Amant déclaré d'une fille, c'en étoit
„ être plus d'à moitié mari; & qu'on faifoit
„ toûjours quelque pas du côté de l'amour
„ defendu, avant que d'en venir à l'amour
„ permis. A vous dire le vrai, je me laffe d'ê-
„ tre Amant s'il n'y a que cela à faire. Il eft
„ jufte, fi j'ai la difcretion de ne rien deman-
„ der à la Belle qui lui coûte quelque chofe,
„ qu'elle ait la complaifance de me laiffer
„ prendre ce qui ne lui coûte rien. La char-
„ mante Clotilde que vous connoiffez pour
„ avoir autant de vertu que fille du monde,
„ en ufe d'une façon bien plus galante. Quand
„ lundi je revins de la campagne, après deux
„ baifers qu'elle reçut auffi goulûment que je
„ les lui donnois, fon mouchoir qui vint à
„ tomber, m'aiant obligé de couvrir fa gorge
„ de mes deux mains, de peur que d'autres
„ ne la viffent, elle m'en remercia le plus ci-
„ vilement qu'il lui fut poffible, & me de-
„ manda fi je n'avois befoin que de cela. Il
„ n'y à rien qui fatisfaffe tant, ni qui revien-
„ ne à fi peu de frais.

Mr. le Païs patinoit de jour & de nuit &
même en dormant. Voici le recit d'un fonge
qu'il fit fur deux beaux Tetons. Il écrit à une
Dame de fes amies.

„ Je n'ai point dormi cette nuit, Madame,
„ ou du moins le fonge que j'ai fait occupoit
„ fi fenfiblement mon Efprit, que j'ai cru
„ que je veillois en fort bonne compagnie.
„ J'ai cru avoir toûjours auprès de moi les
„ deux Tetons de Madonte, & les voir avec
„ ce même éclat qui me furprit hier au foir

D

quand

,, quand votre main obligeante les delivra de
,, la prifon qui les enfermoit. Vous pouvez
,, bien croire, Madame, que je n'ai pas gardé
,, le filence dans une fi belle occafion de par-
,, ler, mais pourrez vous croire que les Te-
,, tons m'ont auffi parlé, & que notre con-
,, verfation a été fort agreable ? Que ceci ne
,, vous furprenne point, les Tetons ont pour
,, ceux qui les entendent leur langage auffi
,, bien que les yeux. Comme je les ai trou-
,, vez en humeur de caufer, j'ai eu la curio-
,, fité de leur faire cent queftions fur leurs
,, avantures, aux quelles ils m'ont répondu le
,, plus galamment du monde. J'aurois bien
,, envie de vous redire ici tout notre entre-
,, tien; mais il fera plus aifé de vous le racon-
,, ter que de vous l'écrire. Voici pourtant
,, quelques unes de leurs paroles que j'ai im-
,, patience de vous apprendre parce qu'elles
,, m'ont femblé les plus jolies. C'eft la repon-
,, fe qu'ils m'ont faite fur l'étonnement que je
,, leur ai témoigné qu'ils fuffent ainfi feparez,
,, & qu'aïant l'un avec l'autre tant de rapport,
,, ils vecuffent en mauvais voifins fans s'ap-
,, procher, fans fe baifer, & enfin comme
,, des ennemis irreconciliables. Il eft vrai,
,, m'ont ils dit, nous fommes ennemis, & la
,, reffemblance ne fait point chez nous ce
,, qu'elle fait par tout ailleurs. Elle nous obli-
,, ge à nous haïr & notre reciproque jaloufie
,, nous tiendra toûjours éloignez. Quoique
,, nous n'aïons qu'un même cœur & qu'un
,, même intérêt, nous n'avons aucune difpofi-
,, tion a nous unir. L'Amour qui eft un pe-
,, tit

,, tit boute-feu, nourrit entre nous cette divi-
,, fion, il nous promet de nous aimer tous
,, deux pendant que nous nous haïrons, & ju-
,, re de nous quitter auffi-tôt que notre haine
,, ceffera. Mais de bonne foi, aimables Te-
,, tons, ai je repliqué, ne feriez vous point
,, comme quelques-uns de vos freres qui ja-
,, mais ne fe touchent le jour & qui fe bai-
,, fent pendant toute la nuit; qui ont inclina-
,, tion à s'approcher & qui ne vivent éloignez
,, que par contrainte ? Vous ferez étonnée,
,, Madame, que j'aïe ofé leur parler d'une
,, maniere fi desobligeante; mais fachez que
,, ce n'a été que par addreffe, car quoique je
,, n'euffe point de pareils fentimens, je vou-
,, lois les obliger à m'ôter le doute que je té-
,, moignois, en fouffrant, que mes doigts fuf-
,, fent avec mes yeux témoins de leur divifion.
,, Ma rufe a reüffi comme l'avois défiré;
,, les deux Tetons de Madonte s'étant un peu
,, enflez de colére & d'orgueil, à caufe de
,, mon injufte foupçon, ont confenti que je
,, fiffe l'épreuve que je fouhaitois, & cette
,, épreuve a d'abord fait fentir à mes mains la
,, vérité qui avoit paru à mes yeux Après ce-
,, la je ne me fuis plus étonné qu'ils euffent
,, tant de difpofition à la haine, car j'ai trou-
,, vé tant de dureté dans l'un & dans l'autre,
,, qu'il n'y a pas apparence que rien les puiffe
,, jamais attendrir. Au refte, Madame, je
,, gage que votre belle parente ne fait rien de
,, ce qu'ont fait chez moi fes Tetons. J'ai
,, appris d'eux mêmes qu'ils font bien d'au-
,, tres chofes fans fon congé. Ils m'ont dit que

D 2

,, lorf-

,, lorſqu'elle y penſe le moins, ils ſe divertiſ-
,, ſent à prendre des cœurs par tout où ils
,, trouvent des yeux, & que c'eſt leur paſſe-
,, tems le plus ordinaire. Ils m'ont dit même
,, que quand ils en ont pris quelqu'un & que
,, Madonte s'en apperçoit, elle le traite auſſi
,, cruellement que ſi ſa priſe l'avoit offenſée.
,, Elle l'inſulte dans ſon eſclavage, elle ne lui
,, donne aucun ſecours & prend plaiſir à le
,, voir mourir de langueur.

Il ne ceſſoit de patiner que quand il étoit
hors d'état de le faire. Sa Caliſte lui avoit promis de l'aller voir dans le tems qu'une cruelle
fiévre le travailloit & l'avoit mis dans un état
pitoïable. Il lui fait premiérement le portrait
de ſon viſage de cette ſorte.

,, Pour ma mine vous ne vîtes jamais rien
,, de ſi étrange. Mes yeux ſont devenus plus
,, grands que tout le reſte de mon viſage, &
,, il vous ſera facile, s'il vous en prend fan-
,, taiſie, de conter mes dents au travers de la
,, peau de mes jouës. Il ne faudra pas vous
,, étonner ſi je vous fais froide mine; je la fais
,, à tout le monde, & je me la fais à moi-
,, même quand je me regarde au miroir. Quel-
,, que envie que j'aïe de vous plaire, je ne
,, pourrai point m'empêcher de vous faire lai-
,, de grimace.

Il ajoûte enſuite.

,, Ce qu'il y a de bon, Caliſte, c'eſt que
,, mes mains dont vous vous êtes plainte tant
,, de fois, ne vous donneront aucun ſujet de
,, me

„ me quereller. Je vous jure qu'en l'humeur
„ où je fuis les Tetons de la belle Helene,
„ qui affûrement devoient être des plus beaux,
„ puifqu'ils firent tant jouër des mains les
„ Troïens & les Grecs, ne me feroient pas
„ prefentement tircr les miennes de deffous
„ ma fourure. Jugez par là fi vous auriez rien
„ à craindre du refte, & fi vous ne vous en
„ irez pas de chez moi fans avoir crié contre
„ mes emportements.

Marot patinoit volontiers, il n'en laiffoit
guére échapper les occafions. Il auroit bien
fouhaité un jour des Innocents de favoir le lit
de fa Belle pour la faire paffer par l'étamine.
N'en pouvant venir à bout, il fe contenta de
lui écrire ces vers.

Tres-chére Sœur fi je favois où couche
Votre perfonne au jour des Innocents,
De bon matin j'irois à votre couche,
Voir ce gent corps que j'aime entre cinq cents.
A donc ma main (vû l'ardeur que je fens)
Ne fe pourroit bonnement contenter
Sans vous toucher, tenir, tâter, tenter:
Et fi quelqu'un furvenoit d'avanture,
Semblant ferois de vous innocenter:
Seroit ce pas honnête couverture?

Après tout, Madame, fi ce que je viens
d'alleguer ne vous peut porter à laiffer les
coudées franches & les mains libres aux A-
mants, pour vous faire enrager, je vous dirai
que toutes les Belles ne font pas de votre au-

ftérité. La Corine d'Ovide ne faifoit pas tan
la rencherie : Elle alla un jour trouver ce Poëte dans un équipage très-galant & dans des
difpofitions à fe laiffer plus que patiner. C'eft
ce qu'Ovide lui même nous apprend dans une
de fes élegies amoureufes.

ELEGIE.

Le chaud que le midi fait naître fur la terre,
Aux plaifirs d'exercice avoit livré la guerre;
Quand je m'allai jetter tout fatigué, tout las,
Sur un lit de repos qui ne m'en fervit pas.
J'attendois la Beauté dont mon ame eft charmée:
Ma fenêtre n'étoit ouverte ni fermée,
Et ces deux changemens fe cedant tour à tour,
Laiffoient voir un combât de la nuit & du jour:
L'on voit dans les forêts de ces fombres lumiéres,
Qui ne font ni clartez ni lumiéres entiéres;
Et tels font du Soleil les timides flambeaux
Lors qu'il vient fur la terre ou qu'il va fous les
      eaux.
Tel eft le tems obfcur qu'il faut donner aux Da-
      mes
De peur que la clarté ne trahiffe leurs flames.
L'Amour eft un enfant qu'on nous a peint fans
      yeux,
Et ce Dieu veut toûjours être aveugle en fes yeux
Après quelques moments je vis entrer Corine,
Sous l'habit de plaifir qu'elle avoit bonne mine!
Un linge délicat de fes rares beautez

Dans

Dans un petit nuage étouffoit les clartez.
Il faisoit à ma vuë entiére violence
Sans sauver mes désirs de leur impatience;
Et les cheveux poussez d'un mouvement jaloux
Cachoient toute la gorge à des transports si doux.
Corine valoit bien qu'ils me fissent querelle.
Jamais Semiramis n'avoit paru si belle,
Et ceux qui de Laïs cederent aux attraits
N'avoient jamais tant vû, ni fait tant de souhaits.
Le linge me déplut quoi qu'assez favorable,
J'en fis avec Corine un combât agréable,
Sa main vint au secours, mais je lus dans ses yeux
Que son cœur & sa main se trahissoient tous deux.
Sa vertu vouloit faire une honnête retraite:
Ses efforts languissans demandoient sa défaite,
Et je vis peu d'obstacle en ce plaisir égal
A vaincre un ennemi qui se defendoit mal.
Quand son voile échappé la laissa toute nuë,
Jamais rien de si beau ne s'offrit à ma vuë,
La nature sans fard fit honte aux ornemens,
Jamais de si beaux bras n'unirent deux Amants.
Jamais de deux couleurs gorge si bien mélée,
Ne fut par les baisers doucement accablée;
Et jamais les voisins de ce qu'on ne dit pas
N'étalerent aux yeux de si charmans appas.
Je regardai long-tems, mais en pareil miftére
L'on ne peut pas toûjours regarder sans rien faire:
Je fis donc ce qu'on fait lors qu'on est sans fâcheux
Et lors que les Amants le veulent bien tous deux.
Quand j'eus fait mon devoir en homme de courage,

D 4

Corine

Corine pour dormir me prêta son visage;
Je pris quelque repos sur ce lit de corail,
Mais certes le repos ne vaut pas le travail.
Grands Dieux! qui me voiez peut être avec envie,
Laissez moi me choisir les plaisirs de la vie;
Je renonce au sommeil, & le milieu du jour,
Comme il est le plus chaud est plus propre à l'a-
mour.

CHAP. V.

Des laids Tetons.

JE ne sais, Madame, si ce Chapitre vous plaîra; du moins est-il sûr qu'il n'y aura point de véritez qui vous doivent choquer puisque j'entreprends d'y traiter du laid Teton.

Je compte d'abord pour laids Tetons ceux d'une taille énorme; par exemple ceux de Madame de Bouillon du Roman Comique *qui en avoit la valeur de vingt Livres distribuées à poids égaux sous chaque aisselle.*

Ceux de Paquette, à qui Mr. le Païs dit: *Pour vôtre gorge & vos Tetons, ils ne sont pas blancs, mais certes il y a de la chair, & si les Tetons s'achetoient à la livre, vous pourriez vous vanter d'être plus riche que votre Maitresse.*

Le Poëte sans fard drappe competamment une femme qui avoit des Tetons aussi gros que des pis de vaches. Il lui dit:

Philis tu demandes pourquoi

Je

Je ne fens point d'amour pour toi?
La raifon eft que tes mamelles
Te vont jusque fous les aiffelles;
Que ton nez eft des plus punais
Et que ta bouche fent mauvais!
Je crois d'ailleurs, ô vieille vache!
Puis qu'enfin tu le veux favoir,
Que tout ce que l'habit me cache
Eft encor plus vilain que ce qu'il laiffe voir.

Je mets encore au nombre des Tetons dé-goûtans ceux, qui reffemblent pour la couleur au precieux corps de la cheminée, comme ceux de Tifiphone. Mr. Despréaux dans fon *dialogue des morts* fait ainfi faire à Sapho * le portrait de cette blonde du Roïaume de Pluton.

,, Vous croïez que je ne connois pas Tifi-
,, phone : c'eft une de mes meilleures amies.
,, Vous ne ferez peut-être pas faché que je
,, vous en faffe le portrait. L'illuftre fille dont
,, j'ai à vous parler a quelque chofe de fi fu-
,, rieufement beau, elle eft fi terriblement a-
,, gréable, que je fuis épouvantablement em-
,, pêchée quand il vous en faut faire la def-
,, cription. Elle a les yeux vifs & perçants,
,, petits, bordez d'un certain incarnat qui en
,, releve étrangement l'éclat. Comme elle eft
,, naturellement propre, auffi eft elle naturel-
,, lement

* C'eft un des Perfonnages du *Grand Cyrus :* mais l'Auteur en fait une maligne application à Mademoifelle de Scuderi même, l'Auteur de ce Roman que tous les Poëtes qui la loüent appellent *Sapho*.

D 5

„ lement négligée, & cette négligence fait qu'on
„ peut voir souvent sa gorge qui est toute
„ semblable à celle d'une Amazone, à la re-
„ serve que les Amazones n'avoient qu'une
„ mamelle brulée & que l'aimable Tisiphone
„ les a toutes deux. Ses cheveux sont longs
„ & annelez, & semblent autant de serpen-
„ teaux qui se joüent autour de sa tête & qui
„ se viennent joüer sur son visage.

De plus je trouve laids des Tetons quoique
beaux, quand la personne qui en est pourvuë
est trop coquette ou plutôt impudique, ce ca-
ractère efface toutes les beautez qu'elle pourroit avoir. Telle étoit la Macette à laquelle
Reignier avec raison, ne donne aussi que des
éloges badins & qui ne partent point du cœur.
Il dit entre autres choses pour la loüer, que ses
cheveux sont aussi dorez qu'une Orange, &
plus frisottez qu'un chardon, que le soleil n'est
au prix du brillant de ses yeux qu'un cierge de
la chandeleur, & que sa mine de poupée prend
les Esprits à la pipée & les appetits à la glu.
Venant à lui parler de ses Tetons qui ne marquent que de la lasciveté, voici comme il s'exprime.

Les Graces, d'amour échauffées,

Nuds piez, sans juppes, décoiffées,

Se tiennent toutes par la main,

Et d'une façon sadinette,

Se branlent à l'escarpolette

Sur les ondes de votre sein.

Outre cela, je déclare que des Tetons me
paroissent laids, quelque bien tournez qu'ils
puis-

puiffent être , quand le fexe le fait fervir de prétexte pour être infidelle.   Une *Cloris* dit à une *Philis* dans Regnier que je viens de citer.

La foi n'eft plus au cœur qu'une chimére vaine,
Tu dois fans t'arrêter à la fidelité,
Te fervir des Amants comme des fleurs d'été,
Qui ne plaifent aux yeux qu'étant toutes nouvelles.
Nous avons de nature au fein doubles mamelles,
Deux oreilles, deux yeux, & divers fentimens;
Comment ne pourrions nous avoir divers Amans?
Combien en connois-je à qui tout eft de mife;
Qui changent plus fouvent d'Amans que de che-
      mifes?

Pour voir la laideur d'un Teton dans toute fon étenduë, on n'a qu'à lire l'épigramme que voici, faite par Marot fur le laid Tetin.

Epigramme de Marot fur le laid Tetin.

Tetin qui n'a rien que la peau,
Tetin flac, Tetin de drapeau,
Grand Tetin, longue Tetaffe,
Tetin dois-je dire beface,
Tetin au grand vilain bout noir,
Comme celui d'un entonnoir;
Tetin qui brimballe a tous coups
Sans être ébranlé ni fecours
Bien fe peut vanter qui te tate,
D'avoir mis la main à la pâte.
Tetin grillé, Tetin pendant,

Tetin

Tetin flêtri, Tetin rendant
Vilaine bourbe au lieu de lait,
Le Diable te fit bien fi laid.
Tetin pour tripe reputé,
Tetin, ce cuidé-je, emprunté;
Ou dérobé en quelque forte,
De quelque vieille bête morte.
Tetin propre pour en enter
Nourir l'enfant de Lucifer.
Tetin, boïau long d'une gaule,
Tetaffe à jetter fur l'épaule,
Pour faire (tout bien compaffé)
Un chaperon du temps paffé :
Quand on te voit, il vient à maints
Une envie dedans les mains,
De te prendre avec les gands doubles,
Pour en donner cinq ou fix couples
De fouflets fur le nez de celle
Qui te cache fous fon aiffelle.
Va grand vilain Tetin puant,
Tu fournirois bien en fuant
De civettes & de parfums
Pour faire cent mille défunts.
Tetin de laideur dépiteufe,
Tetin dont nature eft honteufe,
Tetin des vilains le plus brave,
Tetin dont le bout toûjours bave,
Tetin fait de poix & de glus. . . .
Bren, ma plume; n'en parlez plus
Laiffez le là, ventre Saint George,
Car vous me feriez rendre gorge.

Ma-

Marions cette epigramme avec le Sonnet
fuivant de la façon de Mr. de Benferade.

SONNET.

Pendantes & longues mamelles
Où les perles & l'orpieau
N'impofent à pas un chapeau,
Molles & tremblantes jumelles.

Tetaffes de groffes femelles
A couvrir d'un épais drapeau.
Peau boufie & rude, moins peau
Que cuir à faire des femelles.

De vieille vache aride pis
Que ne puis-je dire encor pis
D'un fein qui tombe en pouriture?
Sein d'où s'exhale par les airs
Un air qui corrompt la nature;
Sein propre à nourir des cancers.

Les Tetons font la derniére beauté qui vient
au fexe, & la prémiere qui eft confisquée,
c'eft pour cela que les Dames en ont un foin
particulier, & qu'elles prennent des nourices;
malgré cela vingt ans de mariage gâtent les
Tetons les mieux faits. Ils ne font pas non
plus à l'epreuve de la vieilleffe. Comme elle
ternit le teint le plus vif, qu'elle éteint les yeux
les plus brillants, elle amollit les Tetons les
plus rebondis. C'eft ce que nous apprennent
ces Stances contre une Dame qui avoit vieilli à
la cour & qui fe vouloit marier.

STAN-

STANCES.

Quoi? vous vous mariés, douce & tendre mignone,
    Et ne l'avez encore été?
Je ne vois rien du tout deſſus votre perſonne
    Qui ne prêche la chaſteté.

Pour de l'âge, on ſait bien que vous n'en manquez
       guére, .
    Votre viſage étant garant
Que ce qu'on fait pour vous ſe pouvoit fort bien
       faire
    Du regne de Henri le grand.

Vous éloignant d'ici, les beautez de la Reine
    Ont purgé ce noble ſéjour.
De même qu'un torrent votre ſortie entraine
    Toute l'ordure de la Cour.

Celui qui vous épouſe en temoignant ſa flamme
    N'établit pas mal ſon renom,
Qui s'eſt bien pû reſoudre a vous prendre pour
       femme,
    Ira bien aux coups de canon.

Comme vous n'êtes plus qu'une vieille relique;
    Objet de la compaſſion,
Dès qu'on dit que ſur vous un ſacrement s'applique
    On penſe à l'Extrême-onction

Qui ſe lie avec vous eſpere un prompt veuvage;
    Ou peut-être ce pauvre Amant
                 En-

Entend que le Contrat de votre mariage
   Paſſe pour votre Teſtament.

Vous ſeriez bien ſa Mére & la foi conjugale
   Eſt mal placée entre vous deux ;
L'Inceſte eſt en effet une choſe ſi ſale
   Que le portrait en eſt hideux.

Les plus intemperez de votre bonne grace
   Ne donneroient pas un Teſton,
Et l'on peut faire état qu'on eſt à la beſace
   Quand on vous touche le Teton.

Souffrez ce petit mot, ſans traiter de Satire
   Un ſtile ſi franc & ſi doux ;
Vous êtes en un point où l'on ne peut médire
   Quelque mal qu'on diſe de vous.

„ Antoine le grand nous inſtruit de cette vé-
„ rité d'une maniere très pathethiqne. l'Ar-
„ riere-ſaiſon dit-il a ſes plaiſirs : ſon utilité é-
„ gale bien les incommoditez qu'élle nous
„ apporte : elle eſt l'attente des laboureurs &
„ la recompenſe des vignerons ; & ſi elle dé-
„ peuple leurs campagnes & leurs collines elle
„ remplit leurs caves de vin, leurs greniers de
„ grains, & leurs granges de moiſſons. Mais
„ dès qu'une femme approche de la vieilleſſe :
„ que ſes cheveux prennent la couleur des cen-
„ dres, que les rides lui ſillonnent le front,
„ que ſes yeux commencent à jetter de la
„ cire, que ſes jouës lui tombent ſur le men-
„ ton, & que ſes deux montagnes de lait de-
                    „ vien-

„ viennent une double beſace pleine de ſang;
„ elle ceſſe d'être le ſouhait des hommes, ſes
„ Amants en ont de l'horreur : ceux qui la re-
„ cherchoient auparavant la haïſſent.

La beauté eſt paſſagére ; Madame des-Houlieres l'a reconnu, cette réflexion en fait foi.

REFLEXION.

Pourquoi s'applaudir d'être belle ?
Quelle erreur fait conter la beauté pour un bien ?
 A l'examiner il n'eſt rien
 Qui cauſe tant de chagrin qu'elle.
Je ſais que ſur les cœurs, ſes droits ſont abſolus,
 Que tant qu'on eſt belle on fait naître
Des déſirs, des tranſports & des ſoins aſſidus.
 Mais on a peu de tems à l'être,
 Et long-tems à ne l'être plus.

Ainſi, Madame, il faut aimer tant qu'on eſt
aimable.

  Dans le bel âge
  Tout eſt fait pour aimer,
  Et l'on eſt ſage
  De ſe laiſſer charmer.
  Profitez, belle Iris, du plus beau de vos jours,
  Rien n'eſt plus en uſage
  Et l'on n'eſt pas toûjours
  Dans le bel âge.

Dépouillez vous donc, Madame, ſi vous
m'en croïez, de cette inſenſibilité qui fait enrager

rager les gens , & entrez dans les fentimens
d'une Belle heureufement convertie à l'amour
& qui parle dans ce Sonnet en bouts rîmez.

Sonnet en Bouts-rimez.

Ma raifon , c'en eft fait , je me rends à l'A-
                                    —— mour
Ne me vante plus tant les hauts faits de Lu-
                                    —— crece,
Tout ce qu'à de plus doux la charmante
                                —— tendreffe,
S'eft fait voir à mon cœur dans tout fon plus
                            beau —— jour.

Ma chére liberté je vous perds fans
                                —— retour,
Je m'en plains quelquefois, j'en ai de la
                                —— trifteffe,
Mais je fuis femme enfin, & j'ai de la
                                —— foibleffe
Chez moi l'Amour pretend établir fon
                                —— féjour.

Il eft accoûtumé de vaincre tout le
                                —— monde,
Et telle qui fe croit en une paix
                                —— profonde
Ne peut pas s'affûrer quel fera fon
                                —— deftin.

E

Cha-

Chacun a son erreur, chacun a sa

—————— folie,

L'une aimera le bal & l'autre le

—————— festin,

Pour moi, j'aime un garçon qui me trouve

—————— jolie.

CHAPITRE VI.

Des endroits & des Païs où le sexe est bien partagé de Tetons.

IL faudroit, Madame, que j'eusse vû tous les païs du monde pour décider lesquels sont les plus favorables aux Tetons, & je n'ai voïagé qu'en Suisse & en Allemagne. J'ai vû à Neufchâtel & à Berne d'aussi beaux Tetons qu'on en puisse voir, très apprivoisez & qui dans le tête-à-tête se laissoient autant patiner qu'ils étoient patinables.

La Saxe est sans contredit un des endroits d'Allemagne où les Tetons viennent le mieux. On trouve à Dresde, à Leipsic, & à Halle de simples Grisettes à Tetons bien taillez, blancs & rebondis, capables d'orner des seins de Reines & de Princesses.

Le Sexe de Suabe est apparemment bien pourvû de Tetons, témoin cette harangue en miniature qu'un étudiant de l'Université de Tubingue avoit écrite à la tête de son *Corpus Juris Civilis.*

Hæc Tubingiacis dos est perpulchra puellis;

Ube·

Ubera magna. Pudor tenuis vulvæque patentes,
Res angusta domi, foris ampla & splendida, dixi.

Je n'ai point été en Espagne, mais les femmes n'y ont point de sein & n'en veulent
point avoir, si nous en croïons Madame la
Comtesse d'Aunoi. ,, Voici comme elle en
,, parle. C'est une beauté pour les Dames
,, Espagnolles de n'avoir point de gorge, &
,, elles prennent de bonne heure des precau-
,, tions pour l'empêcher de venir. Lorsque
,, le sein commence à paroître, elles mettent
,, dessus de petites plaques de plomb & se
,, bandent comme les enfants que l'on em-
,, maillote. Il est vrai qu'il s'en faut peu
,, qu'elles n'aïent la gorge aussi unie qu'une
,, feuille de papier, à la reserve des trous
,, que la maigreur y cause, & ils sont toû-
,, jours en grand nombre.

Tous les connoisseurs qui ont voïagé ob-
servent que l'Angleterre, est la mére nourice
des beaux Tetons. Mr. le Païs écrivant de
Londres à un de ses amis, lui marque entre
autre choses.

,, Ce que nous avons vû de plus qu'à Pa-
,, ris, ça été un grand nombre de fort belles
,, femmes, qui font toutes copieusement par-
,, tagées de Tetons. Comme c'est une mar-
,, chandise qui est ici à grand marché & assez
,, précieuse en France, nous avions resolu
,, d'en acheter un bon nombre, & de vous
,, les envoïer dans une barque, tous attachez
,, deux à deux avec du ruban couleur de feu,
,, qui est ici, comme vous savez très beau

                        ,, &

„ & en très grande abondance. Nous étions
„ perſuadez que cette marchandiſe vous plaî-
„ roit & que vous ſeriez bien aiſe d'en four-
„ nir à quantité de vos amies qui en ont bon
„ beſoin & qui les acheteroient volontiers.
„ Mais comme les Commis des Traites forai-
„ nes ne laiſſent rien paſſer ſans le viſiter,
„ nous avons changé de deſſein, ſachant fort
„ bien que c'eſt une marchandiſe qui ſe gâte
„ pour peu qu'on la viſite, & qu'ainſi elle
„ auroit perdu toute ſa beauté & tout ſon é-
„ clat quand elle ſeroit entre vos mains.

Dans une autre Lettre qu'il écrit de la même ville à une Dame, il lui donne cette com-
miſſion.

„ Dites à Madame de la L. G. que ſi elle
„ étoit en Angleterre, elle ne ſeroit pas la
„ Reine des Tetons comme elle l'eſt à....
„ puiſque les Dames de ce Roïaume en ont
„ qui ne cedent point aux ſiens. La differen-
„ ce qu'il y a c'eſt qu'on patine les Tetons
„ d'Angleterre dès la premiére connoiſſance,
„ & ſans grande cérémonie : & que pour el-
„ le, elle ne laiſſe pas ſeulement voir les
„ ſiens après ſix mois de ſoins & de ſervi-
„ ces.

Voici encore un bel endroit d'une Lettre
de Mr. Pavillon à Madame Peliſſari ſur le
voïage de Mademoiſelle ſa fille en Angleterre.

„ Le defunt païs de Cocagne de très-heu-
„ reuſe mémoire ne valoit guére mieux que
„ celui-ci.

„ Le

„ Le Prince * qu'en fa cour peu de monde envi-
    ronne,

   „ Peut-être aifément abordé;

   „ Et n'eft prefque jamais gardé

„ Que par le feul refpect qu'on a pour fa perfonne.

„ On le voit auffi tôt qu'on vous a prefenté.

   „ Malgré l'éclat de fa couronne,

   „ Celui que fa grandeur étonne

   „ Eft raffuré par fa bonté.

   „ Ses fujets font dans l'opulence,

   „ Ses champs produifent à fouhait

   „ Et vous ne fentez fa puiffance

   „ Que par les biens qu'elle vous fait.

   „ La terre fans impôts, & le Ciel fans co-
    lére

   „ Nous laiffent en repos, jouïr de notre
    bien.

   „ Le Roi ne leve prefque rien,

   „ Et Jupiter n'y tonne guére.

   „ Tout votre fexe à cheveux blonds

   „ A teint de lis, à beau corfage,

   „ Magnifique en habits, en train, en é-
    quipage,

   „ Fait marcher devant fon vifage

   „ Une infinité de Tetons.

Il dit encore dans un autre endroit de la
même Lettre:

   „ Nous menerons au prémier jour Made-
„ moifelle votre fille à Windfor, c'eft un lieu

E 3

                          „ char-

---

* *Charles II.*

,, charmant où le bon Roi Stuart, tient main-
,, tenant Cour pleniére , elle prétend lui de-
,, mander un don, qui est la reformation des
,, Tetons dans toute l'étenduë de son Roiau-
,, me suivant le modelle qu'elle lui en presen-
,, tera elle-même. Vous saurez , Madame,
,, qu'en tous ces quartiers , la plûpart des
,, Tetons , sous pretexte qu'ils sont blancs
,, comme neige , n'ont point honte d'aller
,, tout nuds par les ruës , & qui plus est, de
,, se baiser hardiment à la vuë de tout le mon-
,, de , sans crainte de Dieu & des hommes.
,, Les gens du païs tiennent que cette refor-
,, me sera facile à établir parce que les Te-
,, tons de ce territoire étant de leur nature
,, fort dociles, on peut aisément les reduire,
,, à en faire tout ce qu'on voudra.

Avant que de finir, Madame, je dois encore dire que j'ai vû dans des Couvents, toutes sortes de beaux Tetons , il est vrai que ce
n'est que la figure & non la forme que j'ai
vuë. J'y ai trouvé des Tetons naissants &
des Tetons formez où rien ne manquoit que
la permission de les voir à découvert & de
sentir s'ils étoient durs. Ceci me remet dans
l'esprit un Sonnet pour une belle personne à
qui les Tetons étoient venus depuis qu'elle é-
toit Religieuse.

SONNET.

Ci-gisent les Tetons de la jeune Silvie,
Pitoïable passant admire & plains leur sort,
Ils n'avoient pas du Ciel encor reçu la vie,

Qu'on

Qu'on les avoit déja deſtinez à la mort.

On ne conſulta pas leur naturelle envie,
Leur couroux fait bien voir qu'on leur a fait grand
      tort :
Puis qu'on les voit s'enfler contre la tirannie
Qui les mit au tombeau par un barbare effort,
Mais ce qui te fera plaindre leur avanture,
C'eſt qu'on les tient vivants dans cette ſepulture ;
Comme étant convaincus d'un horrible forfait.

Tout leur crime pourtant n'eſt que d'avoir pû
      plaire.
Pour moi ne voïant pas quels maux ils avoïent
      fait,
Je crois qu'on les punit de ceux qu'ils pouvoient
      faire.

     TA-

TABLE

DES

CHAPITRES.

POËSIES

DIVERSES

DU SIEUR

DU COMMUN.

POËSIES DIVERSES

I.

A Louïs XIV. Roi de France fur la conquête de
la F. C.

TEs glorieux exploits pour être véritables
    Ne font pas vrai-femblables;
    Leur cours eft trop rapide , invincible
    Louïs.
L'Avenir croira-t-il, s'il eft tant foit peu fage,
Que ton bras ait conquis un fi vafte païs
En auffi peu de tems qu'on en fait le voïage?

II.

Sur la gloire du même Monarque.

La fortune qui fut toûjours indifferente
    Ou plûtôt toûjours inconftante,
De rendre heûreux Louïs s'eft impofé la loi.
Cette felicité ferme & fi peu commune
    Fait plus d'honneur à la Fortune
Qu'elle n'en fait à ce grand Roi.

III.

Sur le même fujet.

La reputation de ce Heros fameux
Parmi tous les Heros s'eft fi bien fait connoître,
Qu'elle épargne aux vaincus les plus ambitieux

La

La honte qu'autrement l'on a de fe foûmettre.

IV.

Louïs XIV. donnant la Paix.

Louïs a bien raifon de nous donner la paix,
Tout le monde étoit las de fes exploits étranges :
Ses ennemis peftoient d'être toûjours défaits ;
Il avoit épuifé fes amis de loüanges.

V.

Sur le même Sujet.

Louïs donne aux Chrétiens la paix & le repos.
On pourroit l'accufer d'aimer trop la **victoire**,
S'il n'étoit content de fa gloire :
Il en a pour le moins pour faire vingt Heros.

VI.

A L'Empereur.

Jeune & courageux Empereur
Qui pouffé d'une noble ardeur,
Difputez à Philippe une riche couronne,
Ta caufe, grand Monarque, eft bonne,
  Tu te verras beni de Dieu.
Va, fuis le doux panchant du beau feu qui t'anime,
Achève les projets de ton cœur magnanime
Entre le tout & rien ne mets point de milieu.

VII.

VII.

Sur le Prince de Conti.

Des peuples l'ont jugé digne de leur couronne,
Le Ciel leur refufa fon Augufte perfonne.
La gloire de la mériter
Meritoit le bonheur de ne la pas porter.

VIII.

Au Roi d'Angleterre

Avec quelle grandeur & quelle Majefté
Soutenez vous l'éclat d'une riche couronne?
Le changement, grand Roi, ne vous à rien coûté,
Vous femblez à chacun être né fur le Trône.

IX.

Sur le Duc & Prince de Marlboroug.

La Fortune n'a pas tout le tort que l'on croit,
D'avoir tant traverfé ce Prince brave & fage.
Elle a du moins fait voir par un fenfible endroit
Que fa force d'efprit égale fon courage.

X.

Au Prince Eugene de Savoïe.

En vain vos ennemis divulguent dans le monde
Qu'en guerre par bonheur vous avez réuffi.

La

La Fortune , il eſt vrai , grand Heros, vous ſeconde,
Mais vous la ſecondez auſſi.

X I.

Sur un grand Capitaine du Siécle.

Quoi qu'il ſoit fils de Hobereau ,
Il eſt vaillant comme Pompée :
Il s'eſt avancé par l'épée ,
Et ſa femme par le fourreau.

X I I.

Sur un autre qui lui eſt de beaucoup inferieur.

Les ſuccez de Roivil, qui de ſoi tant préſume ,
N'ont point trompé le clair voïant
Et le peuple enfin s'accoutume
A n'en attendre rien de grand.

X I I I.

Sur un Miſantrope.

A pâlir ſur un livre Artus paſſa ſa vie :
 Il a parbleu le Diable au corps,
De quitter les vivants dans ſa miſantropie ,
 Pour s'enterrer avec les morts

X I V.

XIV.

Sur un autre.

Si la direction du monde
Etoit devoluë à Belonde,
Il abhorre à tel point les divertissemens,
Qu'il retrancheroit par envie,
Des ans l'agreable printems
Et la jeunesse de la vie.

XV.

Sur l'Academie Françoise.

Quand je lis les divins écrits
Que nous fournit l'Academie,
Je pense à cet heureux genie *
Qui la nommoit un corps d'Esprits

XVI.

Sur l'Argent.

L'Argent sur toute la Terre
Sert aux Rois, sert aux sujets.
Il est le nerf de la guerre
Et la graisse de la paix.

* *Mr. de la Chambre.*

XVII.

XVII.

A un Mechant Poëtereau.

N'eſt tu pas un Franc Animal
De croire un Ane en droit d'habiter au parnaſſe?
Peut-être fondes-tu ta ridicule audace,
Sur ce que du vieux tems on y mit un cheval?

XVIII.

Il n'eſt bon à perſonne, pas même à un bel Eſprit d'être grand parleur.

Il faut un fond d'Eſprit tout extraordinaire,
Pour en montrer toûjours quand on parle beaucoup,
Et je crois que c'eſt un grand coup
Pour un homme d'Eſprit que de ſavoir ſe taire.

XIX.

A un puriſte qui veut qu'on parle Vaugelas. dans la converſation.

Que ton humeur eſt tirannique!
Plus que ton Vaugelas je te trouve inhumain,
Je fais des fautes ſans deſſein,
Ecoute les donc ſans critique!

XX.

Miſantropie de Tarton.

Tarton, cet Eſprit, de travers

Fait

Fait tout à contre-tems, ne fait que contredire :
C'eſt le fleau de tout l'Univers.
Il ne fait à propos être triſte ni rire :
Il parle avec ardeur d'un objet qui déplait,
Et deplaît plus que le ſujet.

XXI.

Eloge de la Raiſon.

Notre felicité par la Raiſon ſe trame.
Un Philoſophe a dit :
Que ſi de notre corps notre eſprit étoit l'ame,
Notre raiſon étoit l'ame de notre eſprit.

XXII.

Le choix judicieux.

Quitte moi l'entretien de ta folle Climène,
L'entretien des Savans eſt plutôt à choiſir.
C'eſt là que l'on apprend avec bien du plaiſir
Tout ce qu'ils ont appris avec beaucoup de peine.

XXIII.

L'utilité de la converſation.

Sans converſation (ſi je ments qu'on me tonde)
La ſcience eſt ſauvage & n'a point d'agrémens :
L'étude augmente nos talents,
Mais pour les mettre en œuvre il faut ſavoir le
monde.

F   XXIV.

XXIV.

On n'aime point à être surpassé dans la conversation.

En montrant de l'esprit on gagne de l'estime
Quand on commerce avec les gens;
Mais d'ailleurs en primant par de rares talents
On déplaît & souvent la science est un crime.

XXV.

Maniere de plaire dans la conversation.

Soïez dans l'entretien & souple & complaisant,
Ecoutez, parlez peu, n'aimez point à paroître,
Tàchez d'insinuer à quiconque est present,
Qu'il instruit en parlant & qu'il est votre Maître.

XXVI.

Un des plus grands defauts d'un bel Esprit.

C'est des plus beaux Esprits un très commun de-
lire
D'avoir la passion d'étaler leur esprit.
Pourquoi pensent-ils plus à ce qu'ils veulent dire,
Qu'à répondre à propos à ce que l'on leur dit?

XXVII.

Moïen de se faire goûter dans les Compagnies.

En conversation c'est sans doute un grand art

Que

Que d'être naturel & fans inquiétude :
  De ne rien dire par hazard,
  De ne rien dire avec étude.

XXVIII.

Le commerce d'un Savant de profeſſion eſt inſup-
        portable.

La converſation d'un ſavant à fracas
  Eſt tuante, Dieu m'en delivre.
  J'aime cent fois mieux lire un livre,
  Je le quitte quand j'en ſuis las.

XXIX.

A la modeſte Amelie.

Je condamne le fard, je ne le ferois plus,
Si d'autres n'emploïoient, comme vous, Amelie,
Que celui de la modeſtie,
Qui comme vous ſavez eſt le fard des vertus.

XXX.

Sur l'ajuſtement des Dames.

Le Sexe ne connoît de ſouverain bonheur
Que celui de s'orner & d'enlever un cœur.
Oui les Dames à leurs toilettes
Paſſent en ſoins continuels
Au moins le quart du jour à ces Petits Autels
Que dreſſe l'Amour propre aux orgueilleuſes têtes.

XXXI.

XXXI.

Sur un grand parleur.

Il a pour le caquet des forces nompareilles,
Qu'aux yeux de tout le monde il fe plaît d'étaller.
Je ne m'étonne pas qu'il s'écoute parler,
Sa bouche étant fi près de fes longues oreilles.

XXXII.

Mauvais bon mot de Madame du Noyer fur les fuites de la revocation de l'édit de Nantes.

La France aprés fes maux,
Va joüir du repos;
Les reformez rendoient fon grand corps afmatique,
Et Loüis les chaffant par d'étranges rigueurs,
A fon vafte Roïaume a donné l'émetique.
Et l'a purgè par là de mauvaifes humeurs.

XXXIII.

Honores mutant mores.

Quand on eft forti de la boüe,
Et que de la Fortune on fe voit bien traité,
D'abord on s'accoutume au plus haut de fa roüe,
D'oublier les degrez par où l'on a monté.

XXXIV.

XXXIV.

Eloges sujets à caution.

J'ai fait sans y penser une belle conquête.
Iris me préconise avec un doux souris.
Ces éloges flatteurs dans la bouche d'Iris
Partent sans doute plus du cœur que de la tête.

XXXV.

Excuse d'avoir critiqué un mauvais ouvrage.

Je suis franc, Clidamon, & je ne saurois feindre,
Après qu'on a perdu son tems & son argent,
A lire, à bien païer un livre impertinent,
Ne peut-on pas prouver qu'on a droit de se plain-
    dre?

XXXVI.

Sur les Livres qui renferment des riens & des
belles paroles

Habiller un écrit fade, vuide d'esprit,
D'un tour d'expression magnifique & polie,
C'est parer une Gueuse avec un riche habit
Et l'ériger en Reine en une comedie.

XXXVII.

La fille qui donne prise au qu'en dira-t-on.

Que dites-vous de cette fille

                                      Dont

Dont les discours sont sans pudeur,
Et qui ne change de couleur
Qu'au matin quand elle s'habille?

XXXVIII.

Raison pourquoi Philis n'ose rire.

Philis fait la petite bouche,
Son ris n'est jamais éclatant,
Cela vient de la peur ; elle craint en riant
De faire tomber une mouche.

XXXIX.

Le Joli Homme.

Ce charmant Adonis a l'art de se bien mettre,
Mais quoique son dehors n'ait rien que d'accompli,
Après la revérence un homme si Joli
Ne fait que ce qu'on met à la fin d'une Lettre.

XL.

Avertissement aux Belles.

On voit naître les fleurs avec le doux printems,
L'hiver produit la glace, enfante les orages.
Les teints les plus fleuris, les plus charmants visa-
ges,
Sont sujets aux saisons aussi bien que les ans.

XLI.

XLI.

Sur les caracteres de Mr. de la Bruiere.

Quoique fans liaifons ces beautez étalées
Ne foient pas fort au gré de quelques vains Efprits;
Les perles, à mon fens, nont pas un moindre prix
    Pour être défilées.

XLII.

Sur l'Efperance.

Encor que l'efperance ait beaucoup d'agrément,
Malgré fon doux chatouillement,
Elle devient enfin inquiette & chagrine,
Quand le bien qu'elle attend eft long-tems retardé;
Elle reffemble au lait, je le fais par routine;
Il s'aigrit s'il eft trop gardé.

XLIII.

Sur la mode.

Avec les vivants il faut vivre,
Après la mode il faut marcher,
C'eft une vanité de s'y trop attacher;
Mais c'eft être un peu fou que de ne la pas fuivre.

XLIV.

XLIV.

Sur le Sexe de Norvege.

Les Dames dans la Norvege
Sont plus blanches que leur neige,
Et leur froideur de plus furpaſſe leur blancheur :
Elle me fait trembler & me glace le cœur.

XLV.

Pourquoi on peint l'Amour nud.

On peint l'Amour tout nud : ſavez vous bien pour-
quoi ?
C'eſt parce qu'il met en chemiſe
Chaque Amant qui fait la ſottiſe
De ſubir lâchement ſa loi.

XLVI.

Cruauté des Hommes.

Le ſort de notre vie eſt triſte aſſûrément ;
Les humains inhumains ſans ceſſe la pourſuivent.
N'a-t-elle pas de quoi ſe plaindre hautement,
D'avoir pour ennemis ceux mêmes qui la vivent ?

XLVII.

Sur la mort de Janſot.

On prépare un tombeau

A

A Janfot, qui paffa fa vie à ne rien faire.
C'eft un enfant tout blanc, ridé, fexagenaire,
Dont on peut appeller le cercueil un berceau.

XLVIII.

A une vieille qui fe paroit extraordinairement.

Trève aux foins de te rajeunir.
Tu fais plus de progrès que ton efprit ne penfe,
Au païs du jeune age où tu veux revenir,
Car tu retombes dans l'enfance.

XLIX.

A la même.

Tu n'as plus les attraits qui t'ont fait adorer.
Tréve d'ajuftements pour tes vieilles ofläilles.
Eft ce que tu te veux parer,
Pour aller à tes funerailles?

L.

*La chicane eft plus infupportable qu'une injuftice
ouverte.*

L'injuftice ruïne & permet de fe plaindre.
Pour fes formalitez plus dures que la mort
La chicane, à mon fens, eft beaucoup plus à crain-
dre :
Elle ravit nos biens & nous donne le tort.

F 3

LI.

LI.

*C'eſt dommage que la jeuneſſe & la beauté ne
ſoient pas accompagnées de la raiſon.*

Aminte eſt jeune , Aminte eſt belle,
Par conſequent en butte à mille Amants filoux.
La raiſon la pourroit garantir de leurs coups,
Mais c'eſt en vain qu'elle s'appelle,
La raiſon lui viendra quand la belle ſaiſon,
La beauté , le péril auront plié bagage.
Beauté pourquoi viens-tu plus tard que le bel áge?

LII.

L'Art de ſe taire eſt rare.

Le babil eſt un foible, & l'on ne ſait ſe taire.
Pour dire ce qu'il fait le jeune eſt indiſcret;
Le vieillard impuiſſant dit tout ce qu'il a fait,
Et le ſot jeune ou vieux dit ce qu'il prétend faire.

LIII.

Penſée touchant le jeu.

Le jeu ſe peut nommer avec quelque juſtice
Une ſucceſſion ouverte à tout venant.
J'y vis hier un Normand hériter d'un bon Suiſſe,
Qui ne l'auroit jamais mis ſur ſon teſtament.

LIV.

LIV.

*Le Sexe n'ambitionne pas tant qu'on croit la gloire
de la beauté.*

Quand il feroit au choix des filles d'être belles,
Je doute que le fexe exilât la laideur;
Un feul trait de beauté dépend tout à fait d'elles,
Et c'eft un grand bonheur,
Si l'on le trouve à Halle entre mille pucelles:
Ce trait, c'eft la pudeur.

LV.

*Le Sexe fait bien du chemin dans la galanterie
en peu de tems.*

Quand la premiére fois le fexe fent qu'il aime,
Il fe voudroit cacher fon amour à foi-même:
La feconde, il ne craint que le *qu'en dira-t-on.*
Mais la troifiéme fois que le fexe s'engage,
Dût-il fervir de fable à tout le voifinage,
Il s'en foucie autant que du colintampon.

LVI.

A Friquette.

Fi des rafinements où l'Amour te conduit,
Dès que la pudeur t'a quittée,
Tu t'en es fait une affectée
Qui s'effarouche au moindre bruit.

Dans

Dans la belle galanterie
Où je cherche tout mon plaifir.
Je te préfére une aprentie,
Qui ne fait pas encor les fujets de rougir.

LVII.

Raifon pourquoi il y a tant de mauvais menages.

Pourquoi dans tous les ménages
Les defordres regnent-ils ?
Pourquoi tant de mariages
Sont-ils fi mal affortis ?
C'eft que chacun fait la bête :
On fe marie aujourd'hui
Sans raifon, tout à fa tête,
Ou tout à celle d'autrui.

LVIII.

Reflexion fur le mariage.

Ma foi le mariage eft une étrange affaire,
On prend femme ou par interêt,
Ou fans favoir ce que l'on fait,
Ou bien ne fachant plus que faire.

LIX.

Difference de Boileau & de Cagon.

Boileau faifoit goûter fa favante morale,
Par un fel menagé toûjours fort à propos.

Ca-

Cagon à la faveur de quelques traits moraux,
Prétend faire passer sa Satire infernale.

LX.

Précaution de Cloridor.

Cloridor n'est pas une duppe :
Voïant que son Iris rougit étant *virgo*,
Pour couvrir sa rougeur il lui leve la juppe
Et met sur son visage un masque *in folio*.

LXI.

*Les grands parleurs ne meritent pas d'être
écoutez.*

Si je n'écoute pas parler un grand parleur,
  J'entens qu'il me pardonne.
Qu'il m'écoute! peut-il pretendre une faveur
  Qu'il n'accorde à personne?

LXII.

Excez de modestie de Chimon.

Daube-t-on sur la perfidie,
D'abord le vain Chimon s'écrie,
C'est mon foible d'avoir trop de sincérité.
Si l'on parle de l'avarice,
Il dit brusquement c'est mon vice,
D'aimer avec ardeur la liberalité.
Les gens qui l'en croiroient seroient bien témérai-
    res,

D'au-

D'autres éloges lui font dûs :
Chimon pofféde les vertus
Qui font abfolument à ces vices contraires.

LXIII.

Injuftice des Maris.

La femme, je le veux, eft foible on le fait bien,
Mais le Mari qui l'eft infiniment plus qu'elle
Prétend qu'impunément il lui foit infidelle,
Qu'elle pardonne tout, qu'il ne pardonne rien.

LXIV.

Sur Cloris la Surannée.

Cloris, cette vieille coquette,
Qui redonne à fon teint du vif, de l'agrément,
Craint moins d'être furprife avec un jeune Amant,
Qu'à fe plâtrer à fa toilette.

LXV.

Sur les Romans.

Tarton, ce devot d'apparence,
Qui condamne tous les Romans,
Ne connoît point la difference
Entre perdre & paffer le tems.

LXVI.

LXVI.

Sur le même sujet.

J'aimois fort autrefois les Romans & la fable,
  A preſent mon eſprit les fuit.
La viande empoiſonnée eſt ſouvent agréable;
  Je hais ce qui plaît quand il nuit.

LXVII.

Sur le même ſujet.

Se laiſſer amorcer aux appas d'un Romant
C'eſt chercher un faux bien pour un bien vérita-
    ble,
C'eſt vouloir ſe jetter dans un embraſement,
Pour ſauver un bijou très-peu conſiderable.

LXVIII.

Sur le même ſujet.

Lire un Roman n'eſt pas dire ſa patenôtre,
Il en eſt d'un Roman comme d'un très bon vin,
Où l'on auroit jetté le poiſon le plus fin;
On ne peut boire l'un que l'on n'avale l'autre.

LXIX.

Otium eſt pulvinar Satanæ.

Vous autres pareſſeux ſouffrez qu'on vous inſtruiſe.
Re-

Redoutez du pêché le dangereux effort,
Sur un Esprit oisif il n'a pas moins de prise,
Qu'en ont des ennemis sur un homme qui dort.

LXX.

A Philis.

Vous maniez, Philis, les armes de l'amour,
Au nom de Dieu, prenez y garde :
La Beauté qui s'en sert hazarde,
D'en être blessée à son tour.

LXXI.

A la même.

Vous ne perdez jamais de vuë
Ces oiseaux de rapine, Alcidor & Damis.
Ah! vous vous plaisez trop avec vos ennemis,
Vous souhaitez d'être vaincuë.

LXXII.

Il est dangereux de s'amuser à jouër de la pru-nelle.

Par faire les yeux doux à la ville, à la cour,
Philis sut enchaîner tous les cœurs & les prendre.
Mais elle a par plaisir inspiré tant d'amour
Que par nécessité la Belle a dû s'y rendre.

LXXIII.

LXXIII.

*Les mauvaises compagnies corrompent les bonnes
mœurs.*

Quand on marche durant les ardeurs de l'été,
On se noircit sans qu'on y pense,
Et notre ame se tâche avec facilité,
Parmi l'erreur & la licence.

LXXIV.

Aux grands parleurs.

Ces deux leçons sont petites,
Retenez les, grands parleurs:
Connoissez vos auditeurs
Et sachez ce que vous dites.

LXXV.

Il faut bien choisir ses amis.

Je fuis le vicieux & je fuis l'ignorant:
L'entretien du premier nuit à la conscience,
Et l'autre étant privé de toute connoissance,
Ne procure à l'esprit aucun contentement.

LXXVI.

LXXVI.

*La violence des ſtupides reuſſit mieux auprès des
Dames que la Rethorique des beaux eſprits.*

Un diſcours éloquent eſt une foible amorce
Pour gagner le beau ſexe en ce malheureux tems.
L'Eſprit, les petits ſoins, valent moins que la for-
    ce,
Les ſots ſont plus heureux que les honnêtes gens.
Adieu charmant Amour, adieu commerce tendre,
Les Belles n'ouvrent plus aux fleurettes leurs cœurs,
Elles n'accordent plus aux Amants de faveurs;
Je ſais bien toutefois qu'elles en laiſſent prendre.

LXXVII.

La pareſſe eſt dangereuſe.

Tout ainſi qu'un corps mort n'engendre que des
    vers,
Une ame ſans emploi dépérit & s'énerve:
Il ne s'y forme plus que des deſſeins pervers,
Dans l'occupation la vertu ſe conſerve.

LXXVIII.

Sur les Galanteries de Tartuffe.

Pour gagner à coup ſûr & la brune & la blonde,
Tartuffe a des ſecrets auſſi vieux que le monde.
Aux femmes dont le cœur eſt plein de probité,

Il ravit d'une infame & cruelle maniére,
  Les fentiments de piété,
Et c'eft ce que le Diable a fait à la premiére.

LXXIX.

Sur le Mariage.

L'Himen eft un chatouilleux cas;
Avant qu'on s'y foumette il faut bien s'en inftrui-
    re:
Il n'eft rien, à mon fens, de meilleur ni de pire,
Et c'eft le paradis ou l'enfer d'ici-bas.

LXXX.

Sur le même fujet.

Le païs du mariage
  Eft un drôle de Païs,
Quoique pour l'habiter l'étranger faffe rage,
Les habitans voudroient qu'ils en fuffent bannis.

LXXXI.

Au P. Bouhours.

Bouhours vos lieux communs donnent dans le fa-
    tras:
Ils font mal mis en œuvre & nul ne vous admi-
    re;
Ce n'eft pas tout d'avoir du marbre & du Porphi-
    re,
Il faut être Architecte & vous ne l'êtes pas.

G 2

LXXXII.

LXXXII.

A Artus tout heriſſé de latin, qui croit que c'eſt profaner la Philoſophie que d'en parler dans la converſation.

Artus à la ſcience ôte le privilége
De ſe montrer ailleurs qu'au milieu d'un collége.
   Pour moi qui ne fais point le fin,
Je dis que ſans chicane elle eſt très legitime:
   Et je crois que l'on peut ſans crime
Raiſonner en François auſſi bien qu'en latin.

LXXXIII.

Politique du vice.

Le vice eſt moderé quand il nous fait la guerre :
Pour lui ſoumettre un cœur c'eſt trop peu d'un
   moment ;
Il agit ſur l'eſprit preſque inſenſiblement,
Tout comme un grain de bled germe & pouſſe en
   la terre.

LXXXIV.

A Dandiniere.

Ton livre eſt mal écrit, croi moi Dandiniére,
   Je t'en fais un ſincére aveu ;
Il ne mérite pas d'être mis en lumiére,
   Si ce n'eſt en celle du feu.

LXXXV.

LXXXV.

Gare les Cornes.

Contre le mariage affûrons bien nos cœurs,
 Il n'eft point de femme fidelle;
La laide païe les faveurs,
Elles les vend quand elle eft belle.

LXXXVI.

Deux beaux yeux d'une Grifette font auffi nobles que le Roi.

 Un arbre généalogique
N'aura jamais le droit de furprendre mon cœur.
 Que la nobleffe eft chimerique!
Les fangs ne font ils pas d'une même couleur?

LXXXVII.

Nobles fentimens de Philis.

J'eftime infiniment un homme de courage,
Lui feul peut m'attendrir , lui feul peut m'enfla-
 mer.
Qu'à des Hommes fans cœur une folle s'engage.
 Ils font incapables d'aimer.

G 3 LXXXVIII.

LXXXVIII.

La vertu ne doit pas être heriffée d'auftéritez.

Je n'aime qu'une humeur & gaïe & vertueufe,
L'humeur chagrine & fombre eft comme un tems
  couvert.
La vertu doit avoir quelque chofe d'ouvert;
Elle ne me plait point morne, trifte, ou pleureu-
  fe.

LXXXIX.

Malice des femmes.

Depuis le tems d'Adam jufqu'au fiécle où nous
  fommes,
Les femmes ont plus nui que la flame & le fer.
Dieu ne les admet point au Paradis des hommes,
Elles le changeroient à coup fur en enfer.

XC.

A Madame des-Houliéres fur fes Ecrits.

Quiconque n'eft charmé de tes vers, des-Houlié-
  res,
Eft pour le bien prifer un véritable fou,
Ou bien, c'eft tout au moins un ténébreux hibou,
Qui ne peut foutenir l'éclat de tes lumiéres.

XCI.

XCI.

A Philon qui ne vouloit pas recevoir mes loüanges.

Je t'ai loué, Philon, quoi donc , eſt ce ſans cau-
ſe?
Et ce que j'ai dit eſt il faux?
Je t'en prens à témoin toi qui fais toute choſe,
Tu dois ſavoir ce que tu vaux,

XCII.

A Colin , Poëte.

Colin tu n'en eſt pas plus gras,
Pour de beaux vers qui font fracas.
Rien n'eſt plus ingrat que la rime.
Ta ſcience, à coup ſur, dans ce ſiécle eſt un mal;
Que ſert il en rimant d'acquerir de l'eſtime
Et de loger à l'hôpital?

XCIII.

Réponſe naïve à un Critique.

Il eſt autant de goûts que de divers viſages.
Si je ne ſuis pas au tien,
Quand tu reprens mes ouvrages ,
Ma foi, tu n'es pas au mien.

G 4   XCIV.

XCIV.

A un plagiaire.

Tu croques, il eſt vrai, tous les mois un volu-
    me,
Puiſque par un honteux trafic
Le rapide vol de ta plume
Pille aux particuliers ce qu'il donne au public.

XCV.

Cleante au P. Bouhours.

J'ai, dis-tu, pour tes entretiens
Des ſentimens très-peu Chrétiens.
Tu te trompes, Bouhours, & tu me fais injure.
Je priſe tes Ecrits autant que je le doi,
Et je puis t'aſſûrer qu'aucune créature
N'en a plus de pitié que moi.

XCVI.

A Philête qui m'étourdit par ſon babil.

De tes mâchoires d'ane, ah! tu me romps la tê-
    te:
J'en reçois tous les jours malgrè moi plus d'un
    coup;
Au lieu de ne rien dire en me parlant beaucoup,
Tu ne devrois rien dire en te taiſant Philête.

XCVII.

XCVII.

A Ardanſon, grand calomniateur.

Infame, ſcelerat que poſſede l'envie,
Je n'aurois qu'à jetter dans mon emportement
Deux ou trois goutes d'ancre, Ardanſon ſur ta
    vie,
Pour la noircir entiérement.

XCVIII.

*A un Maréchal ferrant Gentil-homme de frai-
che date.*

Indigne & ſtupide Animal,
Enflé d'une craſſe ignorance,
Encor que tu ſois Maréchal,
Tu n'es pas Maréchal de France.

XCIX.

Aux Joüeurs de profeſſion.

Temeraires Joüeurs, moderez votre feu:
Epiez la Fortune, ou vous aurez du pire.
Retirez vous du jeu,
Quand elle ſe retire.

C.

C.

A un riche Avare.

On a tort d'appeller ton bien,
Un meuble qui ne fert de rien.
C'eft là parler fans politeffe.
Ce feroit en ufer bien plus honnètement
De nommer ta haute richeffe
De ta grande indigence un riche ameublement.

C I.

A un de mes Amis enivré de fes profperitez.

La fortune vous montre un air plein de douceurs;
Penfez que dans fes ris toûjours mal-affûrée,
Elle rogne fur la durée
Ce qu'elle prodigue en faveurs.

C II.

A un Coquin, qui m'avoit appellé en duel.

Non, n'attens point de moi la mort:
Le Bourreau finira ton fort.
Un homme de fac & de corde
Ne doit point efperer un meilleur traitement.
Ne crois pas qu'au defi mon courage s'accorde,
  Tu perirois trop noblement.

C I I I.

CIII.

Sur la Misantropie de Colin.

Toûjours renfermé dans son trou
Colin vit dans la solitude;
On ne lui peut parler, c'est un vrai loup-garou.
Quand la Fortune, qui m'élude,
Se feroit anoncer chez cet insigne fou,
Je veux gager, Diable m'emporte,
Qu'il lui refuseroit la porte.

CIV.

Maniére de se faire des Amis.

Les Amis qui ne coûtent guére
Ne le font souvent qu'à moitié
Pour en avoir de bons, je croi qu'il les faut faire,
Et les meilleurs se font à force d'amitié.

CV.

*A un Général d'Armée qui exposoit trop sa per-
sonne.*

La Mort est toûjours Mort, & c'est sans doute un
mal,
Dût-elle être à l'Histoire une riche parure;
Quel plaisir, pour vivre en peinture
De détruire l'original.

CVI.

CVI.

Eloge de Caton.

Caton vivoit, dit-on, d'une façon charmante :
Il fut prudent & fage en tous lieux, en tout tems.
  Il n'étoit pas jeune à fept ans,
Il n'étoit pas vieux à feptante.

CVII.

A des Amis qui me vouloient porter à me marier.

  J'aime la folitude & la Societé ;
L'une & l'autre, à mon gré, tour à tour font très-
    belles.
Mais de l'une & de l'autre on fe fent rebuté,
Quand elles font éternelles.

CVIII.

Il y a des grands Merites enfevelis dans l'oubli.

Epigramme à l'Italienne.

Il eft de grands exploits fans nombre
Qui n'ont été prêchez qu'au vent,
Qui n'ont eté vûs que d'une ombre,
Et qui font fur Lethé gravez uniquement.

CIX.

CIX.

Simpatie & Antipatie entre l'ame & le corps.

L'âme & le corps ont, ce me femble,
Des contrariétez, mais un nœud qui les joint,
Ce font deux ennemis qui font fort bien enfem-
　　ble,
Et ce font deux Amis qui ne fe fouffrent point.

C X.

*On évite la mauvaife fortune & le tonnerre de
la même maniére.*

Les coups de la fortune & les coups de la fou-
　　dre
Font dans tout l'univers un terrible fracas,
Voulez-vous les parer? il faudra vous refoudre.
A chercher une place ou fort haut ou fort bas.

C X I.

Confolation fur les malheurs paffez.

La fortune par tout m'a fait mille malices;
　　Elle pourra bien changer,
　　Ce ne font que des caprices.
Elle a comme l'amour fon heure du berger.

CXII,

CXII.

Sur le même sujet.

Le jour le plus obscur a pourtant ses beautez :
   La fortune la plus cruelle,
Quand on les sait trouver, a de très-bons côtez :
   L'on est heureux en dépit d'elle.

CXIII.

A Damon qui disoit que sa Maitresse avoit un cœur de diamant.

Le cœur de ta Philis n'est point de diamant,
Toute sa cruauté n'est ma foi que grimace :
Ce cœur te paroît dur , ce n'est qu'un cœur de
   glace,
Qui s'amollit au feu de l'amour d'un Amant.

CXIV.

A Vantadou.

Tu t'applaudis avec fierté
D'avoir eu hier au soir la droite d'Isabelle,
Je me trouvai fort bien d'être à gauche auprès
   d'elle
J'avois son cœur de mon côté.

CXV.

CXV.

A Trasimon qui avoit pris parti dans les armes
& qui vouloit se faire tuer ou devenir quel-
que chose.

Mourez donc en Heros au sein de la victoire;
  Trasimon après le trepas, .
Votre Diable d'esprit goûtera-t-il sa gloire,
Et votre chien de corps en sera-t-il plus gras?

CXVI.

Une belle Allemande.

Vous savez le François d'une façon charmante;
Au nom de Cloris, ne l'apprennez point mieux.
Quand vous cherchez un mot, qu'on vous trouve
    éloquente!
La bouche ne dit rien, mait tout parle en vos
    yeux.

CXVII.

Conjecture.

Cet endroit où l'Amant fixe son esperance
A toute une autre odeur que l'ambre & le Jasmin,
  Et cela vient, comme je pense,
De l'air contagieux de son puant voisin.

CXVIII.

CXVIII.

Penſée qu'auroit pû avoir Diogène.

Je n'ai pas au gouſſet la maille
Et je ne laiſſe pas de vivre très-content.
Si vous avez le don de vous paſſer d'argent,
Vous ferez comme Rats en paille.
Sachez qu'on ignoroit encor
Ce que c'étoit que l'or au tems du ſiécle d'or.

CXIX.

A une charmante Dame.

Madame vous avez un caractére heureux :
Votre aimable enjoûment mérite qu'on l'admire :
Vous ne ceſſez jamais de rire
Que quand il faut faire un pleureux.

CXX.

à Organ.

Donner par vanité n'eſt point d'une grande ame :
C'eſt donner à ſoi-même & non pas au prochain ;
C'eſt vendre ſon bienfait, c'eſt acheter du blâ-
me,
C'eſt perdre ſon argent enfin.

CXXI.

CXXI.

A un ami qui m'avoit rendu un important ser-
vice dont je ne l'avois pas remercié.

Je tais fans oublier la grace qu'on m'a faite.
Je fuis reconnoiſſant dans le fond de mon cœur,
Mais l'obligation eſt comme la douleur,
Une petite parle, une grande eſt muëtte.

CXXII.

Au Maréchal Duc de Villars, fur la bleſſure
qu'il reçut à Taniéres, dont il eſt devenu
boiteux.

Votre bleſſure en prix égale une victoire :
Ce malheur doit avoir pour vous beaucoup d'ap-
    pas;
  Vous ne fauriez faire un pas
Sans publier votre gloire.

CXXIII.

A un Ami qui s'alloit embarquer à la Cour.

Le chemin de la cour où tant d'ardeur vous méne,
Eſt rapide & gliſſant;
On y monte avec peine,
On y tombe aiſément.

H

CXXIV.

CXXIV.

Le Courtisan repentant.

C'eſt mener trop long-tems une vie importune,
J'ai vêcu juſqu'ici tantôt pour un vain Roi,
Tantôt pour des Amis, tantôt pour la fortune;
Quand vivrai-je pour Dieu! quand vivrai-je pour
　　moi!

CXXV.

Il ne ſe trouve point de vrais Amis.

Sevarambie heureuſe où l'on dit que l'on s'aime,
Juſqu'ici tu nous fus un païs inconnu:
Il en eſt des Amis & des Eſprits de même,
On en parle par tout, perſonne n'en a vû.

CXXVI.

Epitaphe d'un Philoſophe.

Le Monde eſt paſſager, il paſſe,
Le plomb eſt fuſible, il ſe fond,
Le verre eſt fragile, il ſe rompt.
Toutes choſes changent de face.
J'ai donc auſſi ſuivi ce ſort:
J'étois mortel & je ſuis mort.

CXXVII.

CXXVII.

Sur l'avarice d'Iris.

Vous demandez ma bourse après avoir mon cœur,
C'est le comble des injustices.
Belle Iris en fait de services,
La Maitresse devroit païer le Serviteur.

CXXVIII.

*Une Dame vertueuse parle ainsi à Clitandre qui
soûpiroit pour elle.*

Si vous avez pour moi des sentimens d'amour,
  Qu'esperez vous Clitandre?
Si vous n'en avez point, pourquoi par un détour
  Parler d'un air si tendre?

CXXIX.

*A une Demoiselle qui s'amusoit à me jetter de
l'eau au nez.*

IMPROMPTU.

Belle Diane en qui brille la retenuë,
Pourquoi vous amuser à me jetter de l'eau?
Je vous prie arrêtez, tout beau! tout beau! tout
    beau!
Je n'ai pas eu l'honneur de vous voir toute nuë.

CXXX.

H 2

CXXX.

A Monsieur de Sotenville.

Ton bonheur t'a rendu de toi trop amoureux;
　Il t'empêche de te connoître.
Un homme qui s'est vû toute sa vie heûreux,
　Ne mérite guéres de l'être.

CXXXI.

A Celiméne.

Si je suis inconstant, charmante Celiméne,
　Ce n'est pas sans sujet.
Ma prunelle est mobile & s'arrête avec peine
　Toûjours au même objet.

CXXXII.

Portrait de la Hollande.

Cher ami, l'on me demande
Le portrait de la Hollande,
Et voici ce que j'en dîs:
La Hollande est un païs
Où l'on ne fait pas la vie
Sans avoir bourse garnie:
Où l'on voit qu'à fiére mine
Le Demon de l'or domine
Et fait faire un grand sabat,
Couronné d'un vil tabac,

Assis dans cet équipage
Sur un Thrône de fromage.

CXXXIII.

A Fripon, petit chien de ma Philis

Rival, qui reposes sans cesse
Sur le giron de ma Maitresse,
Je me sens tout d'humeur , trop fortuné Fripon,
A te chanter pis que ton nom ;
Cerbére. . . . ah ! non pourtant, la passion m'em-
　　　porte
　　Et sur le champ je m'en dedis.
Ce n'est pas de l'enfer que tu gardes la porte,
　　C'est bien celle du paradis.

CXXXIV.

A Silvie.

Votre Abbé de Charmont qui vous a tant charmée ,
Pour être un beau parleur ; n'est pas un bon par-
　　　leur ;
　　Sa Rhetorique inanimée
Ne flatte que l'oreille & ne va point au cœur.
L'Eloquence, n'a droit que d'enchanter l'ouïe,
　　Vous le croïez ; mais pensez bien
Que votre Luth , belle Silvie,
Seroit un grand Rhetoricien.

CXXXV.

Satire du Babil.   Eloge du Silence.

Le fatras de difcours qu'un babillard affemble
Bleffe ordinairément avec témerité
La prudence tantôt, tantôt la vérité,
   Ou toutes deux enfemble.

D'un grand difeur de rien la fottife eft extrême:
On ne l'écoute point, il n'en fent point l'ennui;
Il ne s'apperçoit point qu'il parle avec autrui,
   Jamais avec foi-même.

Il prend à tout moment des mots à la pipée:
Il ne fait ce que c'eft que raifon ni devoir.
Quand voit-il fa penfée? il a peine à la voir
   Quand elle eft échappée.

Que vous auriez befoin des leçons de Socrate,
Perfecuteurs cruels fans oreilles, fans yeux.
De Socrate? non, non, votre efprit furieux
   A befoin d'Hippocrate.

Un grand babil n'eft pas plus tuant qu'ordinaire,
Et l'on doit m'avoüer enfin, tout bien pefé,
Que l'art de bien parler eft beaucoup plus aifé
   Que celui de fe taire.

Après cela Numa fera-t-il fans excufe?
Lui reprochera-t-on dans fa religion
De dreffer des Autels par fuperftition

A fa dixiéme Muſe?

Un homme tout brillant d'eſprit & de ſcience,
A ſa langue ſouvent donne un trop libre cours:
On trouve moins de peine aux régles du diſcours,
   Qu'aux régles du ſilence.

L'Orateur, à mon gré, le doit céder au ſage.
Le ſilence éloquent, miſterieux, ſans fard
Mérite juſtement de paſſer pour un art,
   Même du haut étage.

Il donne de la grace à la parole même:
Il eſt, ſans en trop dire, auſſi juſte, auſſi beau
Que la pauſe en muſique : ou que l'ombre au ta-
      bleau,
   Mais rarement on l'aime.

Et nous aurons toûjours des parleurs incapables
De dire rien de bon, ni même de l'ouïr,
Qui voulant, malgré nous, en vain nous réjouïr,
   Nous rendront miſérables.

CXXXVI.

SONNET.

Sur la mort de Madame la Comtesse de Sponeck. *

La plume la plus fine & la plus éloquente,
Fit-elle de son art le plus puissant effort,
Ne nous peindra jamais la Comtesse charmante,
Que nous vient de ravir une tragique mort.

J'entens par tous des gens qui d'une voix touchante
Disent, que ce trépas! helas nous fait de tort.
Qu'elle avoit le cœur bon qu'elle étoit bienfaisante!
Son sort lui sembloit doux d'adoucir notre sort.

Plut-à Dieu que ses ans, qui passent comme une
　　　　　ombre,
Eussent pû parvenir au prodigieux nombre
De ses rares vertus & de ses grands bienfaits!

Plut-à Dieu qu'ici-bas on la revît paroître,
Et qu'encore aujourd'hui pour combler nos sou-
　　　　　haits,
Elle fût à mourir ou qu'elle fût à naître!

CXXXVII.

* C'étoit l'illustre épouse de Mr. le Comte de Sponeck, aujourd'hui Chambellan de S. A. S. le Duc regnant de Wirtem-
berg Stoutgard. Elle alloit un jour en Carosse de Montbeliard à
Bondevaux ; les chevaux étant entrez en fougue le Carosse se
rompit & cette Comtesse sautant precipitamment dehors, se cassa
la tête contre une grosse pierre qui se rencontra là.

CXXXVII.

Noble & Chaste resolution d'une Belle.

SONNET.

Dûssent tous les Amants me traiter de tigresse,
Je vais plus qu'en un Cloître avoir de chasteté,
Plus que n'en eut Joseph, plus que n'en eut Lu-
crece :
Rien ne me charme tant que cette qualité.

Ses propres ennemis en sentent la noblesse :
Un débauché fieffé, pêtri d'impureté
Sait moins de gré sans doute à sa foible maîtresse
D'avoir tout accordé, que d'avoir resisté.

Le mépris suit d'abord après la jouissance,
Le respect d'un Amant du désir prend naissance :
Le refus vaut bien mieux que le consentement.

Le changement d'Io, dont nous parle la fable
Arrive à la Coquette incontestablement,
Dès qu'elle est amoureuse, elle n'est plus aimable.

H 5   CXXXVIII.

CXXXVIII.

SONNET. *

D'un Anglois au Chevalier de S. George.

Monſieur le Chevalier, on ne veut plus de vous :
On vous berne en Lorraine, on vous berne à Verſaille.
N'eſt ce pas tout de bon que le ſort vous tenaille ?
Qu'entreprendre à la fin pour éviter ſes coups ?

De prendre le parti de retourner chez nous,
Ce ſeroit vertubleu ! ne rien faire qui vaille :
Vous ſeriez lapidé par un tas de canaille,
Et peut-être auriez-vous un traitement moins
   doux.

Prenez la Clef des Champs, courez ſans faire halte
Au Japon, au Mexique, à Rome, au Diable, à
   Malte.
Soutenez votre rang de Chevalier errant.

Montez un Rocinante armé d'une Marote,
Allez faire la guerre à des moulins a vent,
Avec le valeureux & brave Dom Quichote.

 * *Ce Sonnet a été fait peu de tems après la mort de la dé-
funte Reine d'Angleterre.*

TRADUCTIONS.

CXXXIX.

LA PUCE D'OVIDE*

Du beau Sexe, Tiran altier & sanguinaire,
De quel air dans mes vers te vais - je chapitrer ?
Quoi déchirer un corps dont le crime est de plaire,
Pour en sucer le sang, pour t'en des-alterer ?

Ta morsure est suivie en peu d'une élevûre,
Et la fille en dormant sent ses membres fremir :
Ton cruel aiguillon redoublant sa piquure,
Elle en sursaut s'éveille & ne peut plus dormir.

Sur les Monts de son sein tu fais des promenades ;
Te croïant tout permis tu vas par tout ailleurs :
Je ne puis plus souffrir de telles escapades,
Petit insecte enfin, modere tes rigueurs.

Et pour te dire tout, quand une Demoiselle
Couchée entre deux draps cherche à se delâsser,
Sans égard, sans respect, comment puce cruelle
Assise sur sa cuisse oses-tu la blesser ?

Imprudente. . . . comment attaquer cette place
Que je ne puis nommer sans d'abord en rougir ?
Com-

* *Je n'avois que seize ans lorsque je fis cette traduction.*

Comment inquietter avecque tant d'audace
Ce centre deftiné feulement aux plaifirs?

Si. . . . je te fais quartier, trop cruelle ennemie,
Et je fouhaiterois poffeder le fecret,
De favoir emprunter ta forme, aïant envie
D'executer bien-tôt un amoureux projet.

Oui, s'il m'étoit permis de me changer en puce,
Et que ce changement ne me fût point fatal,
Aujourd'hui, fans manquer, il faudroit que je fuffe
Revêtu de la peau de ce vil animal.

Les drogues de Circé, les beaux vers de Médée
Ont fait tant de vertus, j'efpere que mes vers,
Ou bien la Médécine en ce cas hazardée,
Feront voir ce prodige aux yeux de l'univers.

Alors à la faveur d'une metamorphofe,
Dont j'ofe me flatter peut être vainement,
J'irois chez ma Philis, fans qu'elle fût la chofe,
Pour pofte j'y prendrois fa chemife à l'inftant.

Et je commencerois tout doucement ma route,
En marchant à tâtons, vers le palais d'Amour.
Dans mon galant exploit elle ne voïant goute,
Je me referois homme. Ah! voïez le beau tour!

Si malheureufement cette belle furprife
L'obligeoit d'appeller fes gens à fon fecours:
Ce feroit à regret que je lâcherois prife,

Il faudroit la fléchir par d'obligeans difcours.

Mais fi dans ce péril ma cruelle Maitreffe
Refufoit fiérement de fe laiffer toucher,
Je me verrois contraint de rejouër d'adreffe,
De redevenir puce & de m'aller cacher.

J'invoquerois les Dieux dans cette humble ftature,
Et mife à la raifon par leur puiffant crédit,
Philis ne craindroit plus pendant la nuit obfcure,
Un vigoureux Amant comme moi dans fon lit.

C X L.

Ad Dominam Mariam Neville Patronam fuam.

O W E N U S.

Si nos Pythagoræ non fallunt dogmata, corpus
Intrârunt Pallas, Juno, Venufque tuum.

A Madame la Princeffe de Galles.

Charlotte, l'ornement de toutes les Princeffes,
Vous renfermez en vous les plus rares trefors.
Pithagore a raifon, puis qu'en votre beau corps,
Logent heureufement les trois belles Déeffes.

C X L I.

Bucanan parle ainfi aux Mufes.

Quærite quem capiat jejunâ cantus in umbrâ,
Quærite qui potâ carmina cantet aquâ.

A ma Muse.

Va-t-en, va-t-en, ma Muse,
Qu'un autre deformais enfle ton chalumeau,
Ingrate, pretens-tu qu'à chanter je m'amufe,
Pour n'être entretenu que de pain fec & d'eau ?

CXLII.

Bacio di Vecchio Sdentato.

MARINI.

I fuoi canuti amori
Vecchio Sdentato alla fua Clitià avante,
Cantava Alcon pargoleggiando amante
L'udì la Ninfa, e'n lui volta 'l bel vifo,
Diffe con un forrifo :
Ben à te fi convien di cigno 'l vanto,
Poi eh'hai di cigno il pel, di cigno il canto.
Hor dell'alta armonia
Jo vò che quefto bacio il premio fia,
Che fe mi baci, i baci
Temer non deggio almen, che fien mordaci.

Le baifer fans malice.

Un vieillard édenté près de la jeune Iris,
Lui chantoit les tranfports de fon amour chenué,
La Belle le regarde avec un doux fouris,
Et lui dit, fans mentir, la gloire vous eft duë
   Que le Cigne peut mériter :

Com-

Comme lui vous favez chanter,
    Et vous en avez le plumage.
Je veux que ce baifer foit le prix des appas
    De votre admirable ramage ;
Baifez-moi donc mon cher , mais ne me mordez
        pas.

CXLIII.

Iperbole.

Se tutti gli alberi del mondo foffero penne,
Il cielo foffe carta, il mare inchioftro
Non bafteriano à defcrivere la minima
Parte delle voftre perfetioni.

Hiperbole à l'Italienne.

Si chaque arbre étoit une plume,
Que la mer fût de l'encre & le ciel du papier,
    On ne fauroit dans ce volume
De vos rares talents décrire le dernier.

CXLIV.

Epitafio di Senocrate.

Z A Z Z A R O N I.

Giace nafcofto in quefto marmo antico
    Senocrate pudico,
Jo non dirò, ch'eftinto fia; che vivo
    Fù ancor di fenfo privo.

Epi-

Epitaphe de Xenocrate.

Ci-gît un Philofophe, un Philofophe fage.
Il vit, & de la parque il a trompé l'effort.
On doute du moins qu'il foit mort :
Vivant, il n'avoit point du fentiment l'ufage.

CXLV.

Epitafio d'Artemifia.

ZAZZARONI.

In cener bebbi 'l mio conforte caro,
Qui in morte il mio cadavere fu accolto,
Contempla, ô viator, bel cafo, e raro.
Da un fepolcro un fepolcro effer fepolto.

Epitaphe d'Artemife.

Je bûs le cœur de mon Epoux,
Après l'avoir reduit en cendre.
Je joüis d'un repos bien doux,
Ou la parque m'a fait defcendre.
Remarque ici, paffant, un cas rare & nouveau :
Confidere un tombeau qui renferm eun tombeau.

CXLVI.

Epitafio di Paride.

ZAZZARONI.

A Troia andai con Helena rapita,
Nude mirai le Dive, Achille eſtinſi;
Coſì di me con gloria tripartita
Poſſo ben dire, io venni, viddi, e vinſi.

Epitaphe de Pâris.

J'allai ſecrettement à Troïe avec Hélène;
   Je vis du haut juſques en bas
   A nud Junon, Venus, Pallas;
Je combattis Achille avec très peu de peine,
Après ces trois honneurs que je me ſuis acquis,
Ne puis-je pas dire à ma gloire,
Même ſans trop m'en faire accroire,
Je vins, je vis & je vainquis.

CXLVII.

Epitafio di Rodomonte.

ZAZZARONI.

Queſto marmoreo ſpeco, aſconde e ſerra
Nel vaſto ſeno Rodomonte audace,
S'à coſtui, Peregrin, tu prieghi pace,
Indarno il fai, ch'amico è ſòl di guerra.

Epitaphe de Rodomont.

Ce marbre fomptueux
Renferme Rodomont, qui fit trembler la terre.
Pour la paix de fon ame en vain tu fais des vœux.
Paffant, tu dois favoir qu'il n'aima que la guerre.

CXLVIII.

Epitafio d'un Eremita.

ZAZZARONI.

Viffi à me fteffo fol fcevro dal Mondo
Vaga di folitudine mia forte;
E così fol di quefta pietra in fondo
Godo l'Ereno ancor doppo la morte.

Epitaphe d'un Hermite.

Je fûs paffer mes jours feul éloigné du monde,
Et cet éloignement rendit fi doux mon fort,
Que dans cette foffe profonde
Je veux repofer feul encore après ma mort.

CXLIX.

Epitafio di Colombo.

ZAZZARONI.

Con quel valor, con quel faper profondo,
Non fatio ancor d'imprefe alte e famofe,

Ii

Il gran Colombo in questo aval s'ascose,
Vago di ritrovar un Nuovo Mondo.

Epitaphe de Colomb.

Avecque sa valeur, sa science profonde,
Non content d'avoir fait tant d'exploits glorieux,
Colomb se tient caché dedans ces sombres lieux,
A dessein d'y trouver encore un Nouveau Monde.

C L.

Uber Ihro Königliche Majestät von Preussen Wahlspruch.

S U U M   C U I Q U E.

Menantes. *

Der Himmel gab uns dich, der Tugend dir ein
    Reich.
Dem Himmel geben wir für dich die Hertzen
    wieder,
Der Tugend giebst du dich, der Wahlspruch fol-
    get gleich:
Got, Tugend, König, wir, das seine kriegt ein
    jeder.

* L'Auteur de cette Epigramme est un bel Esprit Allemand; elle est très-ingenieuse & il ne m'a pas été possible d'en
attraper toutes les beautez.

Sur la Devise de Sa Majesté Prussienne.

SUUM CUIQUE.

La vertu , grand Heros, te donne une couronne ;
Tu te donne en échange à ses charmes vainqueurs.
Le Ciel te donne à Nous , Nous lui donnons nos
    cœurs
  Pour ton Auguste personne.
Dieu, la Vertu, le Roi, Nous pour dire en un
    mot,
Un chacun a ce qu'il lui faut.

F I N.

www.ingramcontent.com/pod-product-compliance
Lightning Source LLC
LaVergne TN
LVHW021233170726
843501LV00003B/762